영성 훈련을 위한 소그룹 성경공부 교재 4

열매 맺는 영성으로 세워지는 삶

섬김과 은밀함

SERVICE & SECRECY

달라스 윌라드 추천

4

좋은씨앗

열매맺는 영성으로 세워지는 삶 성경공부 시리즈 4

섬김과 은밀함

초판 1쇄 인쇄 / 2008년 4월 16일
초판 1쇄 발행 / 2008년 4월 24일

지은이 / 얀 존슨
옮긴이 / 김창동
펴낸이 / 신은철
펴낸곳 / 좋은씨앗
출판등록 / 제4-385호(1999. 12. 21)
주소 / 서울시 서초구 양재동 2-30, 덕성빌딩4층(137-130)
영업부 / 전화 (02)2057-3041 / 팩스 (02)2057-3042
편집부 / 전화 (02)2057-3043
홈페이지 / www.gsbooks.org
이메일 / sec0117@empal.com

값 2,800원 ㅁ잘못된 책은 바꿔드립니다.

ISBN 978-89-5874-104-6 04230
978-89-5874-100-8 (전8권)

사랑하는 주님!
티끌에 불과한 저를 주께서 섬겨주셨기에
비로소 제가 참 인간이 되어 가고 있습니다.

당신의 가장 소중한 것을 아낌없이 드리심으로
아버지와 사람 사랑하심을 보이셨듯
제게 있는 가장 소중한 것을
나누며 섬기는 삶을 살겠습니다.
탐욕과 자기 사랑으로 가득찬 제가 진정한 섬김을 배울 수 있도록
성령께서 일하시옵소서.

이 말씀 나눔과 교통의 시간에
이 공동체를 향하신 주님의 기쁨과 은혜를 누리고
서로를 향한 아버지의 마음을 입는 시간이 되게 하소서.

내가 아닌 그리스도의 생명으로
살아가는 우리가 되게 하소서.

존귀하신 예수님의 이름으로 기도합니다.

차례

지금 여기서 천국을 살아가려는 이들에게

—

당신은 하나님께서 사람들을 어떻게 변화시키시는지 알고 싶지 않은가? 아무리 발버둥쳐도 결코 바뀌지 않는 우리의 옛 습관을 생각해보라. 그리스도를 닮아가는 데 있어 도무지 자라지 않는 자신으로 인해 낙담한 적도 많을 것이다. 악한 본성이 계속 나를 괴롭히고, 거룩을 향한 열망의 불은 알게 모르게 혹은 고의로 범하는 죄로 말미암아 금새 사그러든다. 물론 당신은 예수께서 십자가에서 당하신 고난을 신뢰했을 때 이미 용서받았음을 안다. 그로 인해 하나님이 당신을 전부 받아주셨다는 것도 알고 있다. 이것은 정말 굉장한 사실이다. 그렇지만 하나님을 기쁘시게 해 드리는 삶을 살고 싶은 갈망에도 불구하고 당신은 언제나 제자리걸음이다.

하나님께서는 이러한 우리 영혼을 새롭게 하고 싶어 하신다. 그리고 이러한 변화는 우리가 삼위일체이신 하나님과 교통하기 시작할 때 일어난다. 자신을 변화시키려고 애쓰기 이전에, 하나님과 연결되고 하나되는 것이 우리의 할 일이다.

그처럼 하나님과 하나되면 우리는 점차 그리스도의 마음을 품고 그분처럼 행동하기 시작한다. 원수들을 해코지하는 대신 그들을 위해 기도하며 눈물을 흘리는 사람이 된다. 자기 방식대로 소종하려 들거나, 사람들의 잘잘못을 꼬투리 잡지 않고 오히려 그들이 잘 되기를 바란다. 하나님과 하나될 때 우리는 내적인 변화를 경험하게 되어, 부드러운 마음으로 선한 양심을 따라 살아갈 수 있다.

이를 위해 우리는 여러 방법으로 간섭하시는 성령님께 자신을 온전히 드려야 한다. 우리 영혼의 변화는 성령님의 사역을 통해 이루어지며, 그 결과 우리 안에는 "영광의 소망이신 그리스도"(골 1:27 참조)께서 자라신다. 우리도 그리스도를 가까이 따르는 그분의 제자가 될 수 있다.

그러나 순전히 자기 힘으로 그렇게 살아가려고 해보라. 곧바로 싫증과 자기 한계를 경험하게 될 것이다. 우리의 선한 의도와는 달리 우리는 슬슬 율법적인 사람이 되어 간다. 성공하면 그렇게 못 사는 사람들을 자기도 모르게 얕잡아 볼 것이고, 실패하면 자학하며 자기 영성의 부족함을 한탄하게 될 것이다. 두 경우 모두 우리가 위에 있는 것에 마음을 두기보다 자신에 골몰하고 있음을 보여준다.

그렇게 살아가는 힘은 우리 안에서 나오지 않는다. 우리 안에 거하시는 성령님을 통하지 않고는 결코 부르심에 합당한 삶을 살아갈 수 없다. 설사 우리가 최선을 다하더라도 이룰 수 없는 그것을 하나님은 우리 안에 이루신다. 우리가 주님과 온전히 연합하고 그 안에 머물러 있을 때 하나님이 그 일을 완성하신다.

그렇다면 하나님과의 하나됨은 과연 어떤 모습으로 나타날까? 먼저는, 성령님께서 우리 안에서 함께 일하시기에 우리는 은밀한 영역에서도 예수님을 본받게 될 것이고 일상의 모든 활동들은 그분과의 하나됨을 위한 재료로 바뀔 것이다. 이것이 어느덧 거룩한 습관으로 자리잡게 되면 우리는 훈련을 통해 점차 그리스도의 마음을 품은 사람들로 성장해 가고, 그분이 행하신 대로 살아가게 된다. 이것을 이 책에서는 "영성 훈련"이라고 부르기로 한다.

영성 훈련이 이루어지는 방식

우리는 영성 훈련을 통해 하나님과 하나되는 것을 배울 수 있다. 이 책에서는 특별히 성경이 말하는 섬김 훈련에 대해 다루기로 한다. 그 외에도 공동체와 복종(1권), 기도와 경청(2권), 성찰과 고백(3권), 단순한 삶과 금식(5권), 고독과 침묵(6권), 연구와 묵상(7권), 예배와 경축(8권) 등이 훈련과정에 포함된다. 이러한 부분들은 〈열매맺는 영성으로 세워지는 삶〉 시리즈의 다른 책들을 통해 공부할 수 있다. 이와 관련된 다른 신앙 고전이나 하나님께서 당신에게 보여주시는 방식이 있다면 그것을 따라도 된다. 헨리 나우웬은 영성 훈련이란 우리로 하여금 "자그마한 목소리에 귀를 기울이게 하고, 그 음성을 들었을 때 기꺼이 응답하는"* 일을 실천하도록 돕는 것이라고 말했다.

이러한 훈련들이 하나님과의 하나됨을 어떤 방식으로 도울 수 있을까?

- 하나님이 보여주신 길에 익숙해지고 하나님과의 관계가 더욱 튼튼해져 기쁨으로 그 길을 갈 수 있다. (물론 이러한 훈련들을 그리스도와는 아무런 관련 없이 율법적으로 행할 수도 있다.)
- 그리스도를 더욱 신뢰하게 된다. 몇몇 훈련들은 우리를 불편하게 할 수 있다. 가보지 않았던 길도 가야 할지 모른다. 그렇지만 이 과정에서 누군가를 섬기면서 우리의 존재가 더욱 넉넉해진다는 사실을 발견하게 된다.
- 우리는 그리스도를 위해 "작은 결단들"을 내리게 되고, 이런 일들은 점점 더 늘어난다. 예를 들어 TV시청 시간을 절제하려는 작은 결단

---

* 본문에 인용된 글은 책의 끝부분에 그 출처가 나와 있다.

은 자기를 부인하고 사람들을 사랑하는 일에 시간을 내는 데 도움이 된다.

- 우리의 내적 충동들이 조정되어 더욱 자연스럽게 순종할 수 있다. 예를 들어, 하나님의 임재를 연습하는 훈련을 해보았다면, 누군가 당신을 함부로 대할 때 '호흡기도'를 통해 자연스레 그들을 "주님의 손에" 맡기게 될 것이다. 상대는 더 이상 우리의 적이 아닌, 하나님께서 다루어 가시는 사람이요 그들을 통해 그분이 말씀하기도 하신다는 사실을 알게 된다.
- 결국 우리는 그리스도처럼 행동하게 된다. 이 일은 우리가 애써 노력한다고 되지 않고 하나님의 기적적인 역사를 통해서만 가능하다.
- 성령의 능력을 통해 하나님께서 우리 속사람 안에서 일하실 것을 말해준다(엡 3:16). 영성은 우리에 관한 것이 아니라 우리 안에 계신 하나님의 사역이다. 당신은 이 세상을 새롭게 하시는 하나님의 "가족 사업"에 힘을 더하게 된다.

영성 훈련을 망치는 길

영성 훈련은 반드시 하나됨의 목표를 염두에 두고 이루어져야 한다. 스스로의 만족이나 "의무사항"들을 하나씩 지워나가려는 태도로 감당해서는 안 된다. 하루의 할당량을 채울 요량이거나 그 날을 좀 더 잘 보낼 수 있으리란 생각으로 성경을 읽는다면 그저 읽는 것 자체로 만족할 것이다. 그러나 성경 읽기의 목표를 하나님과의 하나됨에 맞춰보라. 하나님께서 당신에게 말씀하신다는 느낌이 들 때마다 멈춰서게 된다. 잠시 멈추어 그것을 묵상하게 될 것이다. 어쩌면 필요나 소원 혹은 궁금한 것을 기도로 아뢰면서 하나님께 돌이키게 되는 경우도 많아질 것이다. 한 달 동안 매일 그 구절을 읽어갈지도 모른다. 하나님께서 그 구절을 사용하셔서 말씀하시기 때문이다.

그러한 시간들이 지나가면서 하나님과 하나되려는 강력한 소원이 생겨난다. 그렇게 주님과 연합되려는 "작은 결단들"로 인해 당신의 삶은 변화되기 시작한다.

이러한 훈련들은 하나님과 하나되는 일을 실천하는 데 있어 우리에게 유익을 준다. 예를 들어 피아노를 능숙하게 연주하고 싶다거나 테니스 라켓을 자유자재로 다루려면 반복적인 연습이 필수다. 유능한 야구 선수라면 지켜보는 관중이 없더라도 매일의 배팅 연습을 게을리 하지 않는다.* 그들은 무대 뒤에서 굵은 땀방울을 흘린다.

영성 훈련도 마찬가지다. 당신이 금식과 함께 단순성을 훈련하면서 하나님의 말씀을 듣는 중이라고 하자. 그렇다면 당신은 회사의 이사회에서도, 반항적인 십대 자녀들과 언쟁을 하면서도 하나님이 말씀하시는 음성을 듣게 된다. 여기에 필요한 삶의 기술들을 익혀간다면 하나님과 함께하는 이러한 하나됨은 매일매일 커져간다.

섬김과 은밀함에 관한 훈련

영적인 훈련이 되는 섬김이란 자신을 잊어버리고 사람들에게 선을 행하는 것이다. 우리의 머리에만 머물던 영성이 손으로 내려오게 하며, 우리가 행하는 모든 일에서 하나님과 연결되도록 훈련하는 것이 섬김을 통해 우리의 영혼이 자라는 길이다.

예를 들어 짜증나는 상황에 처했을 때 우리는 하나님께 도움을 요청할 수 있다. "어떻게 하면 골치 아픈 직장 동료를 사랑할 수 있나요? 도저히 그러고 싶지 않은데 어떻게 저 사람에게 긍휼을 베풀 수 있죠?" 우리가 한계에 다다랐을 때 기도생활은 성장하기 시작한다.

고독이나 성경 공부와 같은 영적 훈련은 이러한 섬김의 정신에 깊이 뿌리내려야 한다. 그때에야 우리는 사람들의 궁핍과 곤란에 마음 아파하시는 하나님을 알게 되고, 그로 인해 우리도 마음쓰라림을 경험하게 된다. 다른 사람을 도우면서 우리는 그리스도의 손과 발이 된다는 것이 무엇인지 배우고, 이 땅에서 그리스도의 능력을 체험하게 된다.

특별히 우리의 영성이 열매를 맺으려면 이러한 섬김의 정신이 생활 구석구석에 배어나와야 한다. 그리스도와 연합되어 행하는 모든 일에는 그에 합당한 열매가 맺혀간다. 심지어 그리스도는 최후 심판의 때에 당신의 형제들에게 베푼 선행과 섬김에 따라 민족을 구분하겠다고 말하셨다. 세상을 심판하는 중요한 기준 가운데 하나로 지극히 작은 형제에 대한 사랑을 강조하신 것이다. 요한은 형제를 사랑하지 않는 자에 대해 심각하게 경고했다(요한일서). 주님께서는 일곱 교회에 보내는 모든 편지에서 공통적으로 주님을 믿는 자에게 나타나는 '행위'를 강조하셨다(요한계시록).

그렇지만 섬김은 성공을 위한 발판으로 여겨져서는 안 된다. 심지어 우리는 자신의 섬김 속에서 스스로 '도취될' 수 있는 것이다. 그러므로 섬김은 항상 은밀함이라는 형제와 함께 다녀야 한다. 우리의 섬김은 항상 "그리스도와 함께 하나님 안에 감추"어져야 한다(골 3:3). 리처드 포스터는 "은밀함은 육체에 대한 책망이며 교만에 치명적인 강타를 날린다"*고 했다. 우리가 겸손해짐으로써 하나님께서 우리 안에 행하시는 모든 것을 기뻐할 때 우리의 성품은 형성되어 간다.

이 교재를 효과적으로 공부하려면

이 책에서는 우리 삶에서 이러한 훈련이 필요한 이유와 구체적인 사례 그리고 여기에 임하는 태도는 어떠해야 하는지 배운다. 각 과에는 공통적으로 다음과 같은 내용이 담겨 있다.

〈하나님께 돌아서기〉. 논의되는 주제에 흥미 있게 참여하도록 토론 및 묵상 질문들을 제시한다.

〈말씀을 통해 하나님 음성듣기〉. 관련된 성경 말씀이 우리 삶에는 어떻게 연결되며 이에 대한 하나님의 말씀은 어떤 의미인지 되새기는 시간이다.

〈깨달은 말씀에 순종하기〉. 공부한 바를 경험하기 위해 어떻게 생각하고 행동해야 할지를 논의한다. 여기서는 자기에게 가장 잘 맞는 문제를 하나 이상 택해야 한다. 자신의 개성과 현재적인 필요를 고려해도 좋다. 이 부분에 순종해보고 다음 주에 다른 이들과 나눌 수 있도록 준비하라.

사람에 따라서는 이 교재가 너무 쉽거나 너무 어렵게 느껴질지도 모르겠다. 하지만 다 아는 것이라고 그냥 넘어가지는 말라. 자신에게 적합하게 말을 바꾸어 보라. 우리는 '열매맺는 영성'에 대한 또 하나의 이론을 배우려는 것이 아니다. 영성훈련을 통한 풍성한 열매가 실제로 우리 안에서 맺혀지는 출발점이 되기를 바란다. 매시간마다 성령의 인도하심으로 진리를 깨닫고 그 진리대로 살아봄으로 당신의 영혼이 의의 열매로 가득하기를 간절히 소망한다.

수련회 등에서 사용하기

이 교재는 개인적으로 피정(避靜)의 시간을 갖고 있는 개인에게도 잘 적용된다. 자신에게 맞는 속도로 각 과를 공부하라. 서두르지 말라. 〈깨달은 말씀에 순종하기〉를 실천하기 위해 충분한 시간을 두고 준비하라. 모든 과를 다 끝내지 않아도 좋다. 한 가지 훈련에 초점을 맞추고 싶다면 그 부분만 집중적으로 공부해도 된다.

참가자들은 〈깨달은 말씀에 순종하기〉 부분에서 열매를 맺어야 함을 명심하라. 모인 사람들이 다 함께 해야 하는 훈련도 있다. 또한 사람들은 훈련 과정에서 개인적으로 듣게 된 하나님의 음성에 대해 함께 모여 얘기를 나누어야 한다.

어떠한 형태가 되었든지 생각할 시간을 많이 가지라. 당신이 하나님과 하나됨을 이루는 삶에 이 교재가 큰 도움이 되길 바란다.

1

변화된 성품을 통한 섬김

●느헤미야 1:1-2:18●

우리의 섬김이 자신의 변화된 존재(새 사람)로부터 흘러나오는 것이 아니라면 필경 탈진할 수밖에 없다. 우리는 하나님과 연결되어 있지 않은 채로도 여러 선한 일들을 행할 수 있기 때문이다. 충분한 힘을 모아놓지 않은 상태에서 계속 달리기만 하면 결국엔 지쳐 쓰러지고 만다. 그러나 우리가 '고독', '예배', '기도', '공동체'와 같은 영성 훈련을 통해 하나님과 연결되어 있다면 우리는 내적으로 충만하고 민감한 상태가 된다. 이런 훈련을 정기적으로 시행할 때 우리는 어려움이 닥쳐도 마음을 하나님께 쏟아부을 수 있으며 열정을 갖고 계속 섬길 수 있다. 이런 시행착오를 겪으며 성장하다 보면 우리는 온정적이고 인내심 많은 사람으로 변화되어갈 것이다.

하나님께 돌아서기

사람들을 탈진으로부터 막아주는 것은 무엇인가?

말씀을 통해 하나님 음성듣기

느헤미야는 누가 보아도 성공한 사람이었다. 포로로 잡혀간 유대인으로서 페르시아 제국에서 높은 지위에 올랐던 그는 자기 고향에 관한 보고를 듣고 마음이 찢어지는 듯했다. 그는 겨우 52일에 걸쳐 예루살렘 성벽 재건을 계획하고 그 진행과정을 감독하였다. 그는 안팎으로 수많은 적을 만났지만 조금도 흔들리지 않고 그 일을 해냈다.

느헤미야는 하나님만 바라보는 가운데 이 일을 감당했다. 이러한 그의 섬김은 하나님과의 관계에서 흘러나오는 것이었다. 그는 하나님 백성의 멸망을 보며 통곡했다. 자신의 비참한 상황을 상세하게 살핀 후에 자기와 조상의 죄를 고백하면서도, 현재 닥친 문제들을 잘 이해하고 있는 사람들과 함께 이 일을 감당했다.

느헤미야 1:1-11절을 읽으라.

1. 느헤미야는 기도 가운데 무엇을 고백했는가(5-7)? 그리고 무엇을 요청했는가(8-10)? 이러한 그의 간절함은 어디에서 나왔을까?

섬긴다는 것은 '하나님의 숨결을 타고 날리는 깃털'이 되는 것이다.
_힐데가르트 폰 빙엔 (Hildegard von Bingen)

느헤미야 2:1-9절을 읽으라.

2. 느헤미야가 이스라엘을 위해 노심초사했을 때 하나님은 어떤 기회를 주셨는가(2-4)? 그 질문을 받은 그는 순간 어떤 기도를 드렸을까(4)? 마음으로 섬길 준비가 된 사람에게 주어지는 용기에 대해 생각해보라.

느헤미야 2:10-18절을 읽으라.

3. 느헤미야는 성벽 재건 업무를 어떻게 시작하는가(11-12)?

하나님을 알지 못한 채 그분을 섬기려고 하는 우리의 모든 노력은, 사실은 그분에 대한 비방과 모욕에 지나지 않는다.

_오스왈드 챔버스 (Oswald Chambers)

4. 당신에게는 다른 사람을 섬기려 할 때 하나님이 마음에 넣어주신 생각이 있었는가(12)? 그냥 우리의 계획과 생각을 따르는 것과 하나님이 일으켜 주신 마음으로 일하는 것 사이에는 어떠한 차이가 있는가?

5. 본문에는 느헤미야가 현지 답사를 하는 과정이 상세하게 기록되어 있다(12-16). 당신에게 가장 인상적으로 와닿는 부분은 어떤 장면인가?

6. 느헤미야가 행한 연설 가운데 어느 부분이 사람들에게 확신을 주어 호의적인 반응을 이끌어냈는가(17-18)?

7. 지금까지 살펴본 느헤미야의 성벽 재건 준비과정을 다시 한번 돌아보라. 느헤미야의 성품은 그의 섬김에 어떠한 영향을 미치고 있는가? 우리가 변화된 성품을 기초로 섬길 때와 의무감에 지쳐 섬길 때 그 결과는 어떻게 달라지는가?

8. 당신의 섬김에서 부족한 것이 있다면 무엇인가? 이를 위해서는 구체적으로 어떠한 노력들이 필요할까? 다음의 사항을 참고하여 생각해보라.

- 당신이 섬기려는 사람들이 어떤 상황에 처했는지 알아보는 분별력 (1:2-3)
- 그들의 문제를 나의 문제로 받아들이고 긍휼을 구함 (1:4)
- 적극적인 기도와 요청 (1:4-11)
- 도움을 받을 수 있는 가능성을 긍정적으로 알아보는 것 (2:1-9)
- 부족한 부분들을 꼼꼼히 살피는 마음 (2:13-16)
- 사람들에게 하나님의 마음을 나누기 (2:17-18)
- 기타 :

깨달은 말씀에 순종하기

다음 내용 가운데 한 가지 이상을 실천에 옮기라.

1. 하나님께서 당신의 마음을 감화시켰을 때 무엇을 행할 수 있었는지 곰곰이 생각해보라. 여유 있게 산책을 하거나 홀로 한적한 곳에 거하며 주님을 묵상하라.

2. 느헤미야가 치열한 성벽 재건 과정 속에서 드린 기도를 살펴보라(느 2:4, 4:4, 9, 5:19, 6:9, 14절). 이를 기초로 당신이 실천하고 있는 몇 가지 섬김에 대해 기도문을 작성해보라. 그 안에는 고백과 찬양과 요청이 포함되어야 한다.

3. 하나님께서 당신의 마음을 움직이시는 어떤 사건이나 관심사가 있다면 그 부분을 사람들과 나누어보라. 글로 작성해 이메일로 보낼 수도 있고 직접 만나거나 전화를 사용할 수도 있다.

2

부담스러운 사람에 대한 섬김

● 누가복음 8:26-39 ●

나는 몇 달에 걸친 건강 검진과 신원조회 후에 30명의 청소년 중범죄자들을 대상으로 수련회를 인도하는 크리스천 사역팀에 합류했다. 나는 살인이나 그와 비슷한 범죄를 저지른 다섯 명의 사내들과 사흘 동안 한 식탁에서 식사를 나누어야 했다. 살얼음을 걷는 기분이었고, 괜한 선택을 하지 않았는지 후회하는 마음도 들었다.

우리를 위해 아무런 보답도 해줄 수 없는 사람들을 섬기다 보면 이기심 없는 마음으로 섬기는 것이 뭔지를 배운다. 그런 사람들은 사회에서 버림 받고 멸시당하며 아무것도 갖고 있지 못한 사람들이다. 내 경험에서처럼 그 중에는 응당 그런 대접을 받아도 할 말이 없는 이들도 있다. 하지만 그들 중에도 하나님의 복음을 듣고 회심할 주님의 백성, 미래의 나의 형제 자매가 있다는 사실을 명심하자.

달라스 윌라드는 "성경에서 가장 광범위하게 다루고 있는 주제가 있다면 아마도 낮고, 인간적인 소망이 없는 사람들이 자신이 처한 상황에 찾아오시는 하나님의 손길을 경험하여 그 상황이 바뀌는 것이다"*고 했다.

그들에 대해서는 성경의 율법과 지혜 문학과 예언서 전반에 걸쳐 계속 언급되고 있다. 그런 사람들에 대해 어떤 마음을 가져야 할지 오늘 본문은 가르쳐 준다.

하나님께 돌아서기

당신은 다음과 같은 "못 가진 자들" 중에 어떤 사람이 가장 불쌍하다고 생각하는가?

• 고등학교 중퇴자 • 약물 복용자 • 에이즈 양성 반응자
• 실직자 • 노숙자 • 수용 시설에 있으며 갈 곳 없는 사람들
• 뇌손상을 입은 사람 • 불치병에 걸린 사람
• 감정적으로 메마른 사람들 • 무능력한 직장 동료
• 원하지 않는 임신을 한 사람 • 불임 부부
• 낙심해서 더 이상 교회에 다니지 않는 사람
• 기타 :

말씀을 통해 하나님 음성듣기

예수님은 당신과 나라면 함께 어울리고 싶지 않은 사람들을 자주 섬기셨다. 더구나 그분은 버림받은 한 사람을 하나님과 그의 이웃, 그리고 자기 자신과 화해시키기 위해 평소 다니시던 길을 벗어나 이방인 지역으로 들어가셨다.

누가복음 8:26-29절을 읽으라.

1. 거라사인의 외모와 행동을 묘사해보라. 만일 당신이 그 자리에 함께 있었다면, 그의 어떤 점이 가장 참기 힘들었을까?

2. 당시 예수님께는 사역할 지역도 많았는데, 왜 굳이 꼬박 하루 이상을 들여 바다를 건너고 이방인 지역에 들어가셔서 그를 건져주셨을까?

> 신약은 항상 하나님을 향한 사랑을 이웃에 대한 사랑과 연결시키며, 순결하고 흠없는 경건은 소외당하고 힘없는 사람들을 돌보는 것이라고 명백히 하고 있다.
> _로버트 멀홀랜드 (Robert Mulholland)

누가복음 8:30-39절을 읽으라.

3. 예수께서 많은 돼지떼를 이런 식으로 죽게 내버려두신 이유는 무엇이었을까(30-33)?

4. 거라사인은 예수님을 만난 후에 어떻게 달라졌는가(35)? 사람들은 왜 귀신들렸던 사람이 온전해짐으로 인해 두려워하고 있는가(35, 37)? 이러한 두려움으로 인해 그들은 어떤 기회를 놓치게 되는가(37)?

5. 예수님은 왜 그 남자에게 집으로 돌아가라고 말씀하셨을까(38, 39)?

6. 당신이 아는 어려운 상황에 처한 이들 중에 별로 불쌍하다는 생각이 들지 않는 사람을 한 명 고르라. 당신은 그 사람을 위해 어떻게 기도해야 하는가? 그를 어떻게 섬길 수 있을까?

> 나의 마음이 하나님의 마음을 아프게 하는 것들로 인해 아파하게 하소서.
>
> _밥 피어스(Bob Pierce)

7. 당신이 속한 지역 사회에서 이렇게 사람들로부터 소외된 이들은 누구인가? 우리는 이들에게 어떻게 섬김의 훈련을 실천할 수 있을까?

깨달은 말씀에 순종하기

다음 내용 가운데 한 가지 이상을 실천에 옮기라.

> 예수님의 생애에서 기도와 실천은 숨을 들이쉬고 내쉬는 것처럼 항상 일정한 흐름을 따라 서로 연이어 일어났다.
> _델마 홀(Thelma Hall)

1. 자신이 거라사 지방으로 배를 타고 가는 제자라고 생각해 보라. 당신은 배에서 내리겠는가? (어떤 제자는 배에서 내렸을 수도 있지만, 성경은 그 누구도 배에서 내렸다고 기록하고 있지 않다.)

2. 성경에서 다음 낱말들을 찾아보라. '가난한', '불쌍한', '압제받은', '과부', '고아.' 그들을 보살피라는 명령이 율법과 지혜문학과 선지서에 얼마나 자주 반복되어 나타나는지 주목하라.

3. 가지지 못하고 가난에 찌든 이웃에게 친절을 베풀 방법을 찾아보라. 그 섬김을 통해 예수님께 무엇을 배웠는지 기록하고 사람들과 이에 대해 나눠보라.

3

영혼을 변화시키는 섬김

●요한복음 13:1-17●

당신은 교리로만 이해되던 진리가 눈앞에서 실현되는 광경을 본 적이 있는가? 단지 어떻게 살아야 한다는 명제로만 알고 있던 지식이 누군가에 의해 살아 숨쉬는 생명체가 되어 우리에게 숨막히는 진실로 다가왔던 때를 기억하는가?

말씀의 껍질만을 맛보면서 입맛을 잃어버린 사람이라도 그런 사람의 등장을 통해 말씀의 미각을 회복할 수 있다. 말씀이 성경에 갇혀 있지 아니하고 "풀어놓아 다니는" 하나님의 능력이 됨을 직접 목격한 사람들은 좀처럼 그것을 잊지 못한다.

당신은 그렇게 사랑을 몸으로 보여주는 사람을 본 적이 있는가? 뻔한 말로 불평을 쏟아내거나 생명 없는 한담으로 세상을 심판하지 않고 묵묵히 자신의 소명을 바라보며 걸어가는 그들. 이들이야 말로 성육신의 본체이신 그리스도의 진정한 제자들이다. 진리는 그들의 편이며, 그들이 가는 길에는 온갖 피조물이 경례를 붙인다.

어떻게 하면 그렇게 될 수 있을까? 우리가 그런 존재가 되는 길은 요원한 것인가? 우리가 단지 진리에 '익숙한' 사람이 아니라 '진리의' 사람이 되기 위해서는 어떤 부분이 준비되어야 하는가? 자신이 고백하는 사랑을 실천하는 삶을 살 때 우리의 기도는 깊어지고 힘이 붙는다. 사랑이 무엇인가에 대한 이해로 만족하지 말고 자신을 높이려 하는 함정에서 벗어나라. 그러한 섬김은 우리의 사람됨을 키우고 하나님의 백성으로 형성시켜 나간다.

본문에는 우리가 평생을 두고 음미하며 실천해야 할 주님의 본이 나온다. 우리가 이것을 실천할 때마다 이 진리는 눈에 보이지 않는 파문을 만들어내고 당신과 주위의 사람들을 영원히 변화시켜 갈 것이다.

하나님께 돌아서기

당신이 직접 목격하거나 책이나 영상을 통해 본 사랑의 행동 가운데 가장 엉뚱하고 일반적인 생각을 벗어나며 충격적인 것은 무엇이었는가? 그들은 어떻게 그렇게 살 수 있었을까?

말씀을 통해 하나님 음성듣기

제자들의 스승이자 주님이신 예수께서 외투를 벗고 종으로서 그들의 발을 씻길 때, 모두들 입이 얼어붙어 아무 말도 할 수 없었다. 당시 유대 땅에서(지금도 그렇다) 학생이 자기 스승의 발을 씻기는 것은 충분히 예상할 수 있는 일이지만*, 그 반대는 상상할 수도 없는 일이었다. 주님의 겸손과 사랑에서 끊임없이 솟아나는 이 행동으로 제자들은 변화의 중요한 기로에 서게 되었다.

요한복음 13:1-5절을 읽으라.

1. 예수께서 제자들을 "끝까지 사랑하실 수" 있었던 근본적인 이유는 어디에 있었다고 생각하는가(1, 3)? 아버지께로 돌아가실 때가 이른 줄 아신 것과 제자들을 사랑하시는 것과는 어떤 연관이 있을까?

> 하나님과의 친밀한 하나 됨은 현 세상에 가장 창조적으로 개입할 수 있도록 인도한다.
> _헨리 나우웬

2. 자신이 당시 성만찬을 함께한 예수님의 제자라고 가정해보라. 예수님이 아무 말씀도 없이 다음과 같은 구체적인 행동을 하실 때 당신은 어떠한 느낌이 들까?

- 음식을 잡수시다 자리에서 일어나심
- 외투를 벗으심
- 허리에 수건을 두르심
- 대야에 물을 부으심
- 제자들의 발을 씻기심
- 두른 수건으로 물기를 닦아내심

3. 예수님이 제자들의 발에 묻은 물기를 닦아내시는 것을 보면서, 우리는 수건이 주님 사랑의 도구가 될 수도 있음을 알게 된다. 다른 사람들을 보다 잘 섬기기 위해 당신이 사용하는 연장이나 도구가 있는가? 또 이를 위해 어떤 관심을 기울이는가?(예를 들어 자동차, 언어 구사력, 글솜씨, 그림붓, 튼튼한 육체 등 그 종류는 다양할 것이다.)

요한복음 13:6-11절을 읽으라.

4. 왜 베드로는 "내 발을 절대로 씻지 못하시리이다"(8)라고 말했을까? 이러한 그에게 예수님은 어떻게 말하시는가? "상관이 없다"는 말은 전혀 모르는 사람이 된다는 의미이다. 이를 통해 볼 때 예수님은 어떤 목적을 품고 그들의 발을 씻기고 계시는가?

5. 예수님은 발을 씻기신 구체적인 행동에 담긴 의미에 대해 "이미 목욕한 자는 발밖에 씻을 필요가 없느니라"(10)고 아리송한 대답을 하셨다. 이 구절에는 다양한 의미가 함축되어 있다. 다음 중 당신이 현재 마주하고 있는 영적인 상황을 가장 잘 설명하는 내용은 어떤 것인가?

_ 나는 평소에도 영적으로 무감각한 때가 많았고, 주님은 그것을 씻겨주기 원하시지만 이런저런 이유를 대며 거부하고 있다.

_ 나에게는 고백하지 않고 버리지 않은 죄가 있으며, 주께서 여러 모양으로 지적하시지만 그것에 대해 무지하다.

_ 예수님은 진정한 제자도에 대해 보여주시지만, 나는 내가 원하는 대로 살고 싶다.

_ 나는 하나님이 어떻게 생각하느냐보다 다른 사람들이 나를 어떻게 생각하느냐에 더 관심이 간다.

_ 기타 :

요한복음 13:12-17절을 읽으라.

> 겸손의 은혜는 섬김이라는 훈련을 통해서 우리의 삶 가운데 스며든다. _리처드 포스터

6. 예수께서 제자들에게 "내가 너희에게 행한 것을 너희가 아느냐?" 고 물으신 것은 주님이 그들의 발을 씻어주신 것이 어떤 의미인지 생각해보라는 말씀이다. 주님께 진정으로 발을 씻음 받은 경험이 있는 사람들은 어떤 삶을 살아야 하는가(14, 15, 17)?

7. 당신에게 그러한 섬김의 본이 되거나 몸소 중요한 진리를 가르쳐준 사람이 있는가? 그를 통해 무엇을 배웠으며 당신의 삶은 어떻게 달라졌는가?

8. 당신에게 주님의 제자로 자라가도록 섬기고 있는 제자가 있다면, 그들을 만나 어떤 일(대화)을 하는지 설명해보라. 오늘 본문에서 배운 교훈은 무엇인가?

깨달은 말씀에 순종하기

다음 내용 가운데 한 가지 이상을 실천에 옮기라.

1. 당신이 매일 만나는 사람을 살펴보라. 그들이 평소에 허드렛일을 즐겨하는지 눈여겨보라. 또한 사람들에게 보이지 않게 당신이 할 수 있는 일들은 무엇인가? 그 일을 조용히 시행하라.

2. 본문에서 한 낱말이나 어구를 고르라("사랑하시되 끝까지 사랑하시니라" 혹은 "이것을 알고 행하면 복이 있으리라" 등). 이 구절만을 가지고 깊이 생각에 잠기라. 최소한 20-30분, 가능하다면 하루 종일이라도 좋다. 당신의 영혼을 변화시키려는 하나님의 원대한 계획을 구하라.

4

외식을 극복하는 섬김

●마태복음 23:1-37●

다른 사람을 섬기는 일은 당신을 세워나갈 수도 있고 무너뜨릴 수도 있다. 하나님과의 연결고리를 계속 유지한다면 다른 사람을 열심히 돕는 일로 인해 당신의 마음은 긍휼과 박애로 풍성해질 것이다. 하지만 그러한 부지런한 노력이 잘못하면 은밀한 자기 이익을 추구하는 삶으로 나아갈 수 있다. 사람들이 당신을 칭찬하기 시작하고, 당신은 자신을 좋게 보이고자 노력하게 된다면 말이다. 그렇게 되면 당신은 자신이 베푼 도움으로 종교적인 체면을 유지하고 사람들을 통해 존경받기를 바라게 된다.

그러한 당신의 섬김은 오히려 다른 사람을 공격하는 무기가 될지 모른다. 그래서 자신의 계획을 중심으로 사람들을 동원하고, 사람들을 하나님께로가 아니라 자신의 사상으로 인도하게 된다. 당신은 사소한 것에 신경을 쓰다가 중요한 것을 놓쳐버리는 쫀쫀한 사람이 될 뿐, 자비와 공의를 베풀지는 못할 것이다.

그렇게 되면 일을 마치는 것이 목표가 되고 당신이 섬기는 사람과 동역자들, 심지어 자신의 마음도 돌아보지 못하게 된다. 당신은 다른 사람을 인도하고 싶지만, 그들이 하나님을 따르도록 인도하는 것이 아니라 선행으로만 인도한다. 그러한 당신의 섬김은 하나님이 아니라 자신이 주인공이다. 이것이 바로 외식이다. 이것을 깨닫지 못하면 우리는 평생을 섬기면서도 외식하게 된다.

하나님께 돌아서기

다른 사람을 섬길 때 자기 만족에 빠지는 경우가 쉬운 까닭은 무엇인가?

말씀을 통해 하나님 음성듣기

바리새인들은 이스라엘에서 가장 열심히 일하는 사람들이었다. 그들은 자기들이 하나님께 순종하는 민족으로 회복되기를 고대했다. 그러나 그들이 내세우는 의는 공정하고 자비로운 마음이 아니라 겉으로 드러난 행동에만 초점이 맞추어져 있었다.

마태복음 23:1-12절을 읽으라.

1. 예수님은 바리새인들의 어떤 행동을 지적하셨는가(3-7)?

'화 있을진저' 로 시작되는 일곱 종류의 사람들에게는 팔복의 '복있는 사람' 처럼 감탄문이 붙는다. 그것은 하늘의 재판장께서 친히 내리신 차분하고도 진실된 심판이요 선언이다.
_렌스키
(R. C. H. Lenski)

2. 쉼없이 다른 이들을 섬기는 순간에도 하나님께만 헌신하기보다는 어느 새 자신에게 초점이 맞추어진 때가 당신에게도 있을 것이다. 이런 일은 왜 생기는 것일까?

3. 우리가 진정 선생이요 지도자가 되려면(8, 10) 어떤 사람이 되어야 하는가(11, 12)? 우리가 낮아질 때에만 섬길 자격이 주어지는 이유는 무엇인가?

마태복음 23:13-22절을 읽으라.

4. 본문에 나오는 세 가지 "화 있을진저"라는 선언을 살펴보라. 이 구절은 바리새인들의 위선을 어떻게 보여주는가?

* 그들은 사람들 앞에서 천국 문을 닫고 자신도 들어가지 않고 들어가려 하는 자도 들어가지 못하게 한다(13).
* 그들은 교인 하나를 얻으려고 바다와 육지를 두루 다닌다(15).
* 그들은 성전이 아니라 성전의 금으로 맹세한다(16).

5. 우리가 다른 사람들을 섬길 때 생각이 분산되고 형식적인 것들에만 초점을 맞추게 되는 근본적인 원인이 무엇일까? 우리는 어떻게 이러한 위선을 피하고 중심이 진실한 섬김을 드릴 수 있겠는가?

마태복음 23:23-28절을 읽으라.

6. 향료에 대해서까지도 정확하게 계산해 십일조를 드렸던 바리새인들이 간과했던 "율법의 더 중요한 문제"는 무엇인가?

마태복음 23:29-37절을 읽으라.

7. 이 바리새인들은 자신의 선함을 어떤 식으로 과대평가했는가(29-36)?

8. 예수님은 그들에 대한 안타까운 마음을 어떻게 표현하시는가(37, 눅 19:41)? "암탉이 그 새끼를 날개 아래에 모음같이"라는 말씀에 나타난 주님의 사랑에 대해 생각해보자.

9. 당신이 다른 사람들을 섬길 때 피하기 어렵다고 생각되는 가식적인 마음에는 어떤 것이 있는가?

_ 자신을 잘 보이려고 자꾸만 신경쓴다(자신이 사람들에게 어떻게 보이는지 자꾸 신경쓰인다, 하기 싫어도 체면 때문에 한 경우가 여러 번 있다, 자신의 선행을 알아봐주길 은근히 기대한다)

_ 나는 올바른 사람이 되지 않으면 안 된다(자기만의 시간표가 있다, 사람들이 자기 사상을 조건없이 따르는 것을 보며 흐뭇해한다, 본질적인 부분이 아닌 데에 지나치게 관심이 간다)

_ 이 정도는 괜찮겠지! 자신의 행동을 합리화한다(마음을 드리지 못해도 남들이 모른다면 별 문제없다)

_ 외적인 행동에 관해서만 치중하기 시작한다(일을 끝내는 것에만 지나치게 관심이 간다, 자기가 베푸는 정의와 자비 · 신실함의 목표가 무엇인지 그다지 생각하지 않는다)

_ 다른 사람들을 열심히 안내하지만 그들을 무례하게 대한다(사람들에게 필요한 것이 무엇인지 묻지 않고 당신이 더 많이 알고 있다고 여긴다, 당신이 인도하는 사람들에게 주님이 어떻게 역사하시는지 잘 모른다)

_ 기타 :

> 오 하나님, 내가 베푼 것들이 자기 만족이 되지 않게 하시고, 칭찬이나 보상에 대한 생각 없이 행하게 하소서.
>
> _존 베일리

10. 우리가 다른 사람들을 섬기고 있으면서 앞에 나온 여러 가지 태도를 갖고 있다면, 하나님께 도움을 받기 위해 어떻게 해야 할까?

깨달은 말씀에 순종하기

다음 내용 가운데 한 가지 이상을 실천에 옮기라.

1. 조용히 자리에 앉은 후, 존 베일리의 다음 기도를 참고하여 주님께 침묵의 기도를 드리라.

   "오 거룩하신 하나님, 당신의 사랑의 불길이 내 마음속에 들어오게 하시고 이 모든 비열함과 위선 덩어리를 태우셔서 나의 마음을 어린 아이의 마음처럼 만드소서."

> 다른 사람들과 우리의 관계는 자신의 영적 삶을 검증하는 기반이며, 그리스도 안에서 온전함을 향하여 성장해가는 장소가 된다.
> _로버트 멀홀랜드

2. 당신이 보기에 다른 사람을 위해 살아가는 모델은 누구인가? 가능하다면 그와 대화를 나눠보라. 그에게 "당신은 어떤 마음으로 이 일을 하시나요? 배우고 싶네요" 등과 같이 솔직하고 친근한 질문을 던지라.

3. 요한복음 13:1-17절을 다시 읽으라. 예수님께서 당신의 발을 부드럽게 씻겨주시며 허물을 용서하시고 사랑해주시는 모습을 상상해보라. 그런 다음 당신이 가까이 가기 싫어하는 누군가에게 예수께서 동일한 일을 행하시는 모습을 그려보라. 당신은 예수님 옆에서 수건을 들고 서 있다가 그것을 건네주는 사람이라고 생각하라.

5

은밀한 섬김

●마태복음 6:1-8●

당신은 자신이 방금 행한 선행을 사람들에게 알리기 위해 나팔을 불어본 적은 없을 것이다. 그러나 일상적인 대화 가운데 은근히 그것을 언급했을 가능성은 많다. 혹은 누군가를 격려하기 위해 그렇게 했을 수도 있다. ("날마다 기도하고 있습니다. 힘내세요" 같은 말처럼.) 우리는 그런 '나팔수'가 아니라고 생각한다. 그러면서도 얼마 가지 않아 나의 선행을 알려야겠다는 생각에 곧잘 말실수를 한다.

섬김에 있어 은밀함의 훈련은 우리의 선한 행동이 알려지도록 말하거나 암시하거나 혹은 영향력을 끼치는 것을 그만두는 것이다. 이 훈련을 통해 우리는 칭찬이나 심지어 단순히 다른 사람의 주목을 받고 싶은 마음도 잠재운다. 이 훈련이 지나치게 금욕적이거나 율법적인 것이라고 생각된다면 그 훈련을 하고 있는 사람의 말을 들어보라. 엘렌 프리발레(Elaine Prevallet)는 이렇게 말한다.

> 나는 아무도 알지 못하는 상태에서 작지만 친절한 행동을 매일 행하기로 결정했다. 나는 그 일을 오직 하나님, 내가 뜨거운 마음으로 사랑하는 하나님만을 위해서 하고 싶었다. 나는 잠자리를 펴기도 하고 다시 정리하기도 했으며, 옷을 개기도 하고 정리도 했다. 최소한 하루에 한 번은 했고, 아무도 알지 못했다. 매일 행하는 그 매우 사소한 일들은 내게 엄청난 기쁨을 안겨주었다. 그리고 내게 오직 하나님만을 위해 그 일을 한다는 흥분을 안겨주었는데, 그것은 하나님과 나 사이의 비밀이었다. 또한 그 일은 다른 사람들의 작은 필요에 민감하게 해주었다. 그리하여 나는 창조적으로 일하는 사람이 되었다.

하나님께 돌아서기

당신이 위의 글에 나오는 사람처럼 매일 은밀히 선행을 실천하는 사람이라고 가정해보라. 이러한 과정에서 당신은 하나님께 어떤 말을 하고 싶겠는가?

말씀을 통해 하나님 음성듣기

마태복음 6:1–4절을 읽으라.

1. 남들에게 보이기 위해 선한 일을 행할 때 우리는 어떤 상급을 놓칠 수 있을까?

> 예수님과 정말로 친한 크리스천이라면 자신에게 관심을 쏟지 않고 예수님이 전적으로 주관하신다는 삶의 증거만을 보여줄 것이다.
>
> _오스왈드 챔버스

2. 구제할 때에 "오른손이 하는 것을 왼손이 모르게" 하라는 말씀의 뜻은 무엇인가(3)?

마태복음 6:5–8절을 읽으라.

3. 예수님은 그 당시 회당 안에서 기도하는 사람들의 마음속에 무엇이 들어 있음을 보셨는가(5)?

4. 은밀히 드리는 기도는 다른 사람들이 들을 수 있게 큰 소리로 드리는 기도에 비할 때 어떠한 장점이 있는가(6)?

5. 다음 구절들은 "하나님 안에 감추인 삶" 에 관해 무엇을 가르쳐주는가?

> 은밀함의 훈련은 사람들이 자신의 영혼과 행동에 대해 갖고 있는 견고한 의견을 부수는 데 도움이 될 것이다.
> _달라스 윌라드

- "이는 너희가 죽었고 너희 생명이 그리스도와 함께 하나님 안에 감추어졌음이라" (골 3:3).
- "주여 나의 모든 소원이 주 앞에 있사오며 나의 탄식이 주 앞에 감추이지 아니하나이다" (시 38:9).
- "주는 나의 은신처이오니 환난에서 나를 보호하시고 구원의 노래로 나를 두르시리이다" (시 32:7).
- "주는 나의 도움이 되셨음이라 내가 주의 날개 그늘에서 즐겁게 부르리이다" (시 63:7).
- "내 입을 날카로운 칼 같이 만드시고 나를 그의 손 그늘에 숨기시며 나를 갈고 닦은 화살로 만드사 그의 화살통에 감추시고 내게 이르시되 너는 나의 종이요 내 영광을 네 속에 나타낼 이스라엘이라 하셨느니라" (사 49:2).

6. 섬김이 은밀해질 때 우리의 영성에는 어떤 변화가 일어나는가? 선한 일을 하고도 자기를 드러내지 않는 섬김이 갖는 영적 유익에 대해 깊이 생각해보자.

7. 진정으로 은밀함 가운데 행할 수 있는 행동에는 어떤 것들이 있을까?

깨달은 말씀에 순종하기

다음 내용 가운데 한 가지 이상을 실천에 옮기라.

1. 다른 사람들이 알 수 없도록 한 가지 선행을 하라. 그런 다음 어떤 기분이 드는지 기록하라. 만일 기분이 좋다면, 그 이유가 당신이 "은밀하게" 어떤 일을 했기 때문인가? 당신은 그 일을 하면서 하나님을 의지했기 때문에 무엇에도 개의치 않을 수 있었는가? 아니면, 당신이 섬기고 있다는 것을 상대가 전혀 알지 못해서 약간 허탈했는가?

2. 당신이 종종 다른 사람과 경쟁 관계에 놓이게 되는 상황을 생각해 보라. 다음에 그런 상황에 놓이게 되면, 당신이 최근에 이룬 업적을 언급하지 않도록 노력하라. 대신에 그들의 일에 주목하고 칭찬해 주라.

3. 마태복음 6장 전체를 다시 읽으면서 예수님께서 말씀하신 세 가지 종교 행위(헌금, 기도, 금식)를 주목하라. 자, 이제는 당신이 오늘날 교회 다니는 사람들을 위해 6장을 새로 기록한다고 상상해보자. 그리고 사람들이 인정을 받기 위해 행하는 세 가지 종교 행위를 선택하라(비록 많은 사람들이 순수한 동기에서 그 일을 행하더라도 말이다). 거기에 무엇이 해당될지 깊이 고민하라. 당신은 언제 그런 유혹을 받는가?

6

소박한 섬김

●누가복음 10:25-37●

"아, 이제 섬길 시간이군!' 한숨을 푹 내쉬며 자기도 모르게 이런 말을 내뱉은 적은 없는가? 우리가 남들을 우선으로 생각할 때에는 그런 생각이 들지 않는다. 그때 우리의 섬김은 자발적이고 '무계획적' 이 된다. 이웃을 위해 음식을 좀 더 준비한다거나 물건을 넉넉히 사서 필요한 사람에게 나눠주기도 한다. 토요일에 영화를 보러 가는 대신 우리를 필요로 하는 사람들이 먼저 생각난다.

소박하면서도 허세부리지 않는 이러한 섬김은 몇몇 종교적인 사람들에게는 매우 이질적으로 다가온다. 우리는 자신이 어떻게 보이고 사람들이 어떻게 생각할지를 의식하면서 섬김에 무게를 재고, 계획을 세우고 프로그램을 짜는 경우가 다반사다.

그러나 오늘 본문에 나오는 사마리아 사람은 도움이 필요한 한 사람을 보고, 신음하던 그에게 동정을 베풀어 나귀에 태웠다. 사마리아인은 하나님을 섬기기 위해 "다른 곳으로" 갈 필요가 없었다(아마 제사장과 레위인은 그런 마음으로 지나쳤을 것이다). 그는 자신이 들르는 모든 곳, 그리고 자신이 행하는 모든 일에서 섬김을 실천했다.

사랑의 필요가 있는 모든 곳에는 섬김이 필요하다. 크든 작든 우리의 나눔과 관심과 사랑의 실천이 들어가는 곳에는 회복의 역사가 일어난다. 물론 우리의 부르심이 아닌 영역도 있을 것이다. 하지만 혹시 아는가? 하나님이 당신에게 그들의 필요와 아픔을 보여주셨다면 당신을 그 일로 부르셨을지도 모를 일이다.

하나님께 돌아서기

당신이 더 이상 돕기 힘든 한 사람을 떠올려보라. 그 사람이 누구인지 밝히지 말라. 어떤 부분에서 그러한가? 그렇지만 하나님은 어떻게 하기를 원하시는가?

말씀을 통해 하나님 음성듣기

비유를 살펴보는 동안 이 이야기를 들려주신 예수님의 마음을 보아야 한다. 그분은 왜 이야기의 영웅으로 사마리아 사람을 정하셔서 청중에게 충격을 주셨을까? 예수님은 우리에게 어떤 진리를 전하고 싶으셨을까?

누가복음 10:25-37절을 읽으라.

1. 이 단락에 들어 있는 질문과 명령들은 무엇인가?

> 우리가 하나님의 관심을 폭넓게 받아들이고 그분의 생각은 무엇인지 고민하며 그분의 기업을 나누게 된다면 하나님을 더 가까이에서 사랑하게 될 것이다.
> _프랑크 루박 (Frank Laubach)

2. 누가복음 10:25-29절을 보라. 이 본문과 4과의 본문(마 23:1-37)에 근거할 때, 이 율법사의 두 번째 질문인 "내 이웃이 누구니이까?"라는 말에는 어떤 동기가 숨어 있는가?

3. 당신이 생각하는 '이웃' 은 누구인가? 그것과 본문에서 말하는 이웃은 어떻게 다른가? 그들에게 베풀 수 있는 이웃 사랑에는 어떤 것이 있을까?

신약의 성도는 단순히 복음을 선포하는 사람이 아니라, 다른 사람을 위해 부서진 빵과 부어진 잔으로 살도록 예수께서 직접 택하신 사람들이다.

_오스왈드 챔버스

4. 종교인들은 매맞고 쓰러진 사람을 향해 어떤 행동을 취했는가(10:30-37)? 그들은 자신의 행동에 대해 어떤 이유를 댔을까? 당신에게 있어 "사마리아인" 은 누구인가?

5. 사마리아인이 강도당한 사람에게 베푼 사랑을 설명해보라. 당신이 여행하다가 그런 상황을 만났다면 그 사마리아인을 도와 강도당한 사람을 도와줬겠는가? 솔직하게 답해보자.

6. 사마리아인의 다음과 같은 특징 중에 당신에게 가장 필요한 부분은 무엇인가?

- 그는 도와달라는 요청을 받지 않았는데도 도움을 베풀었다.
- 요란하게 자기를 드러내지 않고 그에게 시급하고 꼭 필요한 도움을 주었다.
- 자신이 갖고 있던 자원(나귀, 금전)을 아낌없이 활용했다.
- 함께 돕는 사람(여관 주인)에게 후하게 베풀었고, 선행의 대가를 요구하지 않았다.
- 기타 :

7. 사마리아인처럼 우리에게 섬김의 정신이 배어 있으려면 평소 어떤 훈련이 필요할까?

8. 강도 만난 사람의 입장이 되어보라. 정신을 차리고 일어나 당신을 도와준 사람을 보았을 때 기분이 어떠했겠는가? 그 사람이 다시 찾아와 당신의 숙박비와 치료비를 지불했을 때 그에게 무슨 말을 했겠는가? 당신이 이처럼 조건없는 사랑을 받아본 때는 언제인가? 그러한 경험이 당신을 어떻게 변화시켰는가?

깨달은 말씀에 순종하기

다음 내용 가운데 한 가지 이상을 실천에 옮기라.

1. 본문에 나오는 율법사와 마가복음의 한 부자(10:17-22)는 예수님께 동일한 질문을 던졌다("내가 무엇을 하여야 영생을 얻으리이까"). 예수님은 이들 두 사람에게 각각 어떻게 말씀하셨는가? 우리의 신앙과 그에 따르는 열매는 서로 일치하는가? 그렇지 않다면, 원인은 어디에 있다고 생각하는가?

2. 우리가 평소 생각하는 '이웃'의 개념이 주님께서 인정하시는 것인지 정직하게 살펴보라. 당신은 재정 수준, 직업, 인종(외국인 근로자), 신체 장애 혹은 질병으로 인해 무시하거나 자기와 격이 다르다고 생각한 사람들이 있지 않은가?

3. 이 비유를 다시 읽고 자신을 위한 기도문을 작성하라.

> 우리가 부서진 빵 조각과 잔에 부어진 포도주처럼 사용되려면 자기 자신과, 하나님이 우리를 통해 행하신 것을 완전히 의식하지 않는 데까지 도달해야만 한다. 성도는 결코 자신을 '거룩하다'고 생각하지 않는다. 성도는 분명한 의식 가운데 하나님을 의지하는 사람이다.
>
> _오스왈드 챔버스

그리스도의 심장을 가진 리더여,

당신 앞에 있는 영혼들은 주님의 양떼들입니다.

자신이 바로 서는 만큼만 그들을 세울 수 있음을 기억하십시오.

우리가 그를 전파하여 각 사람을 권하고

모든 지혜로 각 사람을 가르침은

각 사람을 그리스도 안에서 완전한 자로 세우려 함이니

이를 위하여 나도 내 속에서 능력으로 역사하시는 이의 역사를 따라

힘을 다하여 수고하노라 (골 1:28,29)

리더들에게 드리는 글

(소그룹 인도법)

할렐루야! 두렵고 떨리는 마음으로 영혼들 앞에 서는 당신에게 하나님의 은혜와 긍휼이 더욱 많이 부어지기를 기도한다. 사람들에게 진리를 가르치고 한 모임을 인도한다는 것은 결코 작은 일이 아니다. 그들은 하나님께서 자신의 피로 사신 거룩한 사람들이며 장차 영원한 하나님 왕국에서 주님을 함께 섬길 귀한 영혼들이다. 먼저는 하나님께서 당신을 온전히 붙들어 주셔서 영적인 권위와 성령의 충만함으로 모임을 섬길 수 있도록 간절히 기도하라. 아무리 많은 지식과 완벽한 준비를 했다 하여도 당신이 모임의 주인행세를 해서는 안 된다. 그 자리를 성경의 저자요 하나님이신 성령께 내어드리라. 당신은 각 사람들에게 주님의 말씀과 인도하심이 분명히 전달되도록 하는 겸손한 안내자임을 명심하라. 하나님께 겸손히 은혜를 구하고 참석하는 각 사람을 주님께 올려드리는 일이 가장 우선이다.

그렇지만 공부를 준비하는 일을 소홀히 해서는 안 된다. 당신은 각 과에 대해 충분히 연구하고 배경지식과 여러 번역성경을 참조하며, 할 수 있다면 원어에 대한 이해도 갖추어야 한다. 그리고 이 모든 일이 한 가지

방향으로 연결되어 나타나도록 하라. 곧 "각 사람을 그리스도 안에서 온전한 자로 세우는" 일이 그것이다.

본 교재는 어떠한 종류의 그룹에도 적용할 수 있다. 학생들이나, 전문가 집단, 이웃이나 교회의 지체들도 사용할 수 있다. 그리고 각 과는 약 45분에서 60분 정도에 끝낼 수 있도록 되어 있다.

: 소그룹 준비 :

이전에 소그룹을 한 번도 인도해본 적이 없더라도 염려하지 말라. 본 교재는 쉽게 인도할 수 있도록 구성되어 있다. 관찰에서 해석을 거쳐 적용의 과정을 밟으면서 여러 질문들이 나오게 마련이고 공부하다 보면 이것들이 자연스럽게 연결되는 것이 느껴질 것이다. 리더인 당신은 성경이 어떻게 말씀하는지 사람들로 하여금 스스로 발견하고, 하나님이 인도하시는 음성을 듣도록 도와주면 된다. 사람들은 단순한 강의보다 이러한 방법을 통해 자신이 들은 바를 훨씬 더 잘 기억한다.

1. 하나님께 성경 본문을 잘 이해하고 삶에 말씀을 적용시킬 수 있도록 도와달라고 간구하라. 또한 그룹에 참여하는 다양한 사람들을 위해 기도하는 것을 잊지 말라. 하나님이 말씀하시는 바를 듣게 하시고 그에 따라 살아갈 수 있게 해달라고 구하라.
2. 각 과를 공부할 때, 제시된 성경구절들을 재차 반복하여 읽으면서 말씀에 익숙해지도록 하라. 본격적으로 준비하기 전에 각 과의 요점이 무엇인지를 확인하라. 이를 위해 다음에 나오는 〈인도자 지침〉을 참고하라. 곁에 두고 볼 수 있는 성경 사전이 있으면 좋다. 익숙하지 않은 단어나

인명, 지명 등을 찾아보는 데 사용한다.

3. 각 과에 나온 질문들을 조심스럽게 검토해보라. 어떻게 반응해야 할지를 생각하며 묵상하는 데 시간을 들이라. 교재의 빈칸에 자신의 생각을 적어보라.
4. 어떻게 하면 성경을 자신의 삶에 적용할 것인지를 깊이 생각하라. 조원들은 함께 공부한 내용들을 당신이 어떻게 지켜나가는지를 눈여겨보고 그대로 따른다. 그들은 당신보다 앞서 나갈 수 없다.

: 성경공부 실제 인도법 :

1. 정시에 모임을 시작하라. 모두 오지 않았더라도 정시에 시작하고 끝내는 것을 원칙으로 하는 게 좋다.
2. 첫 과를 나갈 때, 단순히 일방향 강의가 아니라 활발한 토론을 통해 공부해 가겠다고 선언하라. 모든 조원들이 즐겁게 참여할 수 있도록 리더는 사람들을 격려하고 의미있는 질문을 던지는 것이 좋다.
3. 참석자들에게 다음과 같은 지침을 말해주라.
    - 토론할 때는 논의되는 주제에만 집중하십시오.
    - 성경 말씀에 기초하여 답변하도록 하십시오. 주석이나 어떤 권위자의 말을 인용하는 것은 삼가십시오.
    - 모임 안에서 나온 얘기는 비밀로 취급되어야 하며 특별한 허락이 없는 한 모임 밖에서 말해서는 안 됩니다.
    - 모임에 활발하게 참여하는 편이라면 조금 말수를 줄임으로써, 대체로 조용한 사람이라면 좀더 적극적으로 참여함으로써 모두가 모임에서 자기 역할을 잘 감당하도록 합시다.

- 다른 사람의 이야기를 경청하고 서로에게 배워야 합니다.
- 서로를 위해 기도해줍시다. 특히 누군가가 힘들게 답변할 때 그렇게 합시다. 말을 끊기보다 기도하는 것이 더 좋습니다.

4. 모든 과는 〈하나님께 돌아서기〉라는 부분으로 시작한다. 각 과에서 공부할 성경 본문을 읽기 전에 이 질문을 반드시 짚고 넘어가라. 여기에 나온 질문들은 각 과의 주제가 무엇인지를 보여주고, 자기 이야기를 하면서 공부를 시작할 수 있도록 돕는다.
5. 〈말씀을 통해 하나님 음성듣기〉 부분은 말 그대로 말씀을 공부하며 하나님이 각자에게 말씀하시는 것을 듣도록 되어 있다. 각자가 성경 본문을 큰 소리로 읽어보라. 자신의 언어로 말씀을 풀어 써 보아도 좋다.
6. 각 과의 마지막에는 〈깨달은 말씀에 순종하기〉라는 부분이 있다. 사람들에게 이 부분을 큰 소리로 읽히라. 그리고 각각의 참여자들에게 자신의 개성이나 현재 형편에 잘 맞는 문제 하나 이상을 택하도록 하라. 그리고 그 문제를 위해 어떤 식으로 노력할 것인지를 모임 앞에서 서로 나누라.

   다음 과가 시작되기 전에 〈깨달은 말씀에 순종하기〉를 위해 수고한 경험들을 얘기하는 시간을 갖는다. 당신이 어떻게 살았는지를 먼저 보여주라. 실패했다고 여기는 것들이 실상은 실패가 아닐 수 있다. 이것들은 모두 다 온전함을 향해 나아가는 재료가 된다. 처음에 자전거를 타고 연습하지 않으면 자전거 타는 법을 배울 수 없다.
7. 토의 문제에 대해 사람들이 답변을 잘 안 한다 해서 부담스러워 하지는 말라. 자신의 생각을 말하기 전에 정리할 시간이 필요할 수도 있다. 20초 정도가 흐르면 당신이 간단히 짚고 넘어가라.
8. 모든 이들의 의견이 소중하다는 것을 인정해주라. 틈날 때마다 이 사실을 주지시켜라. 그 누구의 답변도 무시하지 말라. 만일 초점을 벗어난

게 분명하다면 "어떤 말씀을 통해 그런 결론에 이르게 되었나요?" 라고 묻든지, 다른 사람들은 어떻게 생각하는지를 말하게 하라.

9. 논쟁을 두려워하지 말라. 그것은 때로 모임을 활성화시킨다. 당신이 해결할 수 없다 해도 너무 기죽지는 마라. 공부를 계속해 갈수록 하나님께서 사람들에게 밝은 빛을 던져주실 것이다.
10. 자연스러운 기도로 모임을 마쳐라. 당신이 제안하는 기도로 끝내도 좋다. 앞으로 배운 바를 실천하고자 할 때 하나님께서 도와주시도록 간구하라.

이와 관련하여 더욱 상세한 도움을 얻으려면 「성장하는 소그룹의 비밀 55가지」(좋은씨앗)를 참조하라.

인도자 지침

1. 변화된 성품을 통한 섬김 (느헤미야 1:1-2:18)

이번 장의 초점 : 우리는 하나님과의 끊임없는 사귐을 통해 변화된 성품으로 섬겨야 한다. 존재의 중심에서 마음을 실은 섬김이 아니면 우리는 하나님의 뜻을 이루기에 충분한 힘을 얻을 수 없다.

〈질문 1〉 느헤미야는 이스라엘 백성이(자신을 포함하여) 악을 행하고 계명에 불순종함으로써 범죄하였음을 고백했다(6-7).

그리고 느헤미야는 하나님께서 귀를 기울여 주시기를(6, 11), 비록 이스라엘은 포로로 잡혀갔지만 그들이 하나님께 돌아온다면 하나님께서 그들을 다시 한 데 모으신다는 약속을 기억해주실 것을(8-9), 또한 페르시아 왕에게 은혜를 입게 해 주실 것을(11) 요청했다.

느헤미야가 이렇게 기도할 수 있었던 것은 하나님께서 "주를 사랑하고 주의 계명을 지키는 자에게" 언약을 지키시며(5) 주께서 그들을 "일찍이 큰 권능과 강한 손으로 구속하"(10)신 역사가 있음을 기억했기 때문이다. 그는 주님을 사랑하고 계명을 지키는 사람이었고, 하나님의 구속역사는 오늘도 살아 계속될 것을 신뢰했다.

그는 민족의 문제를 자신의 것과 동일시했다. 자기만 편하면 그만이라고 생각하지 않았다. 스스로 불편하지 않은 환경에서 대접받고 살 수 있었는데도 굳이 불투명한 나라의 장래를 위해 자신의 안전한 기반을 거절한 것은 그가 평소에도 이스라엘을 생각하며 살았기 때문이다. "나는 잘하는데 왜 공동체(모임)가 이 모양인가?"라고 한탄은 많이 하지만 그 문제를 나의 문제로 안고 기도하는 사람은 얼마나 되는가? 느헤미야의 섬김은 바로 이 마음으로부터 시작되었다.

〈질문 2〉 느헤미야가 처한 상황과 그가 전에 드린 기도를 바탕으로 살펴보면, 그는 아마 왕에게 은혜를 입게 해달라고 하나님께 기도했을 것이다("이 사람의 눈앞에서 은혜를 입게 하옵소서", 흠정역 1:11). 그에게는 자신의 생명을 드려 꼭 이루어 내야 하는 "거룩한 목표"가 있었고 이를 위해 그는 간절히 절대자 하나님을 의지했다. 왕에게서 "네가 무엇을 원하느냐"라고 질문을 받은 그는, 이것이 하나님의 기회임을 직감했다. 그는 아마도 "하나님, 주님이 말씀하셨던 바로 지금입니다. 종을 도와 주님의 뜻을 이루소서!"라고 기도하지 않았을까? 하나님과 사람을 섬길 줄 아는 자는 이처럼 모든 기회를 통해 하나님의 일하심을 구하게 된다.

그 당시 술관원은 오늘날로 말하면 연회장으로서, 왕을 즐겁게 하는 직책이었으며 절대 힘들거나 싫은 내색을 보여서는 안 되는 자리였다. 그는 왕의 말에 두렵고 떨렸으나(2) 하나님을 간절히 의지한다. 그는 두려운 상황을 이기는 용기를 갖게 된다. 이것이 기도하는 자에게 주시는 하나님의 특권일 것이다.

느헤미야는 성벽 재건 공사가 진행되는 동안, 원수들의 온갖 정치적 술수와 훼방 속에서도 묵묵히 하나님께 그러한 상황을 맡기며 기도했다(느 4:4, 9, 5:19, 6:9, 14를 보라).

〈질문 3〉 본문의 화자(느헤미야)는 매우 신중한 모습으로 비쳐진다. 느헤미야는 나타난 대적들에게(10) 사흘 동안 아무런 대답이나 언급도 하지 않았다. 그는 자신의 계획을 확실히 보호했고, 어둠이 내린 틈을 타서 성벽을 탐사하기로 선택했다(13-15). 신중한 정치인이 자신의 패를 함부로 내보이지 않는 것처럼 그는 유대교 지도자들에게도 성벽을 재건하려는 계획을 밝히지 않았다. 느헤미야는 무작정 일에 달려들지 않았고 현재의 상황을 파악하고 이를 어떻게 진행시켜나갈지 충분히 숙고하는 시간을 가졌다.

느헤미야는 앞으로 수많은 난관과 커다란 토목공사를 시행해야 한다. 몸이 앞서기 쉬운 이때에 그는 3일을 더 머물며 하나님의 역사와 그 크신 능력의 도우심을 구했을 것이다.

〈질문 5〉 느헤미야는 단순히 "나는 자세히 성벽을 탐사했다"라고 말할 수도 있었지만, 그렇게 하지 않았다. 어디에서 어디까지 무엇을 보았고, 어떤 점을 유심히 살폈는가를 자세히 기술하였다. 우리는 그가 토목 및 건설 쪽에 얼마나 전문적인 식견을 갖고 있었는지는 알 수 없으나(아마 그럴 가능성은 희박했을 것이다) 하나님의 백성 이스라엘을 얼마나 사랑했는지에 대해서는 볼 수 있다.

〈질문 6〉 느헤미야는 예루살렘에서 살던 사람이 아니고 외부에서 온 사람이었지만, 그들이 하나님을 섬기는 신앙공동체이며 자신들에게는 반드시 이루어야 할 공동의 목표가 있음을 강조했다. 즉 예루살렘 성이 훼파됨으로 인해 수치를 당하였으나, 하나님께서 도우시는 손길로 말미암아 이 일을 능히 감당할 수 있다고 격려했다. 민족의 아픔 앞에 그들은 하나가 되었고 하나님의 선하심을 의지할 수 있었다.

〈질문 7〉 느헤미야는 긍휼어린 마음과 하나님의 백성에 대한 책임의식이 있었다. 그는 매우 신중하면서도 준비가 철저한 사람이었다. 꼼꼼하기도 했지만 하나님을 신뢰한 일에 대해서는 대적의 어떠한 방해에도 불구하고 끝까지 밀고 나갔다. 하나님은 이러한 그의 성품을 소중하게 사용하셨다. 그는 힘에 지나도록 수고하였지만 포기하지 않고 끝까지 임무를 완성할 수 있었다.

우리가 변화된 성품, 즉 그리스도 안에서 거듭난 영혼이 주체가 되어 섬길 때에는 섬기는 일이 어렵지 않고 힘들더라도 즐거움이 있다. 그리고 하나님은 그들의 섬김을 축복하시며 끝까지 그 일을 행하도록 도우신다. 그러나 의무로 해야 하는 일이기 때문에 행한다면 그는 자신이 바라는 수준까지 감당하다가 힘들면 멈춰버릴 것이다.

〈질문 8〉 조원 중에서 맡은 자리에서 충성스럽게 섬기고 있는 사람들이 있다면, 그렇게 섬길 수 있도록 하는 힘은 어디에서 나오는지 나눠달라고 요청하라.

2. 부담스러운 사람에 대한 섬김 (누가복음 8:26-39)

이번 장의 초점 : 주님은 아무도 찾지 않는 사람의 친구가 되어주시기 위해 먼 길을 달려가 만나주셨다. 하나님은 나처럼 부담스럽고 죄많은 인간을 위해서도 큰 수고를 마다하지 않고 긍휼과 자비를 베풀어주셨다. 이제 우리도 주님을 본받아야 하지 않겠는가?

〈하나님께 돌아서기〉 참석자들에게 마지막 항목인 "기타"에 해당되는 내용을 찾아보도록 독려하라.

〈질문 1〉 참석자들이 대답하기 전에, 한 사람에게 마가복음 5:3-5절을 읽게 하라. "그 사람은 무덤 사이에 거처하는데 이제는 아무도 그를 쇠사슬로도 맬 수 없게 되었으니 이는 여러 번 고랑과 쇠사슬에 매였어도 쇠사슬을 끊고 고랑을 깨뜨렸음이러라 그리하여 아무도 그를 제어할 힘이 없는지라 밤낮 무덤 사이에서나 산에서나 늘 소리 지르며 돌로 자기의 몸을 해치고 있었더라." 마태복음 8:28절도 보라. "또 예수께서 건너편 가다라 지방에 가시매 귀신 들린 자 둘이 무덤 사이에서 나와 예수를 만나니 그들은 몹시 사나워 아무도 그 길로 지나갈 수 없을 지경이더라."

그는 다른 사람들과 어울리는 사회성이라곤 전혀 없었고, 통제할 수 없는 힘과 자기 파괴적인 행동으로 인해 다른 사람들에게 '없어져야 할 사람'이었다. 가까이서 그런 사람을 보는 것은 얼마나 큰 고통이고 공포였겠는가? 우리 주위에도 이런 사람이 있는가? 그들에 대한 나의 생각과 주님의 생각은 어떻게 다른가? 주님도 당신처럼 생각하시는가? 아니면 다른 마음을 품고 계시는가?

〈질문 2〉 많은 사람들은 예수님이 가시는 길에 나타나 구원을 요청하고 병고침을 받았다. 반면 이 사람은 스스로는 예수님을 찾을 수도, 찾아올 수도 없는 사람이었다. 그가 예수님을 만나지 못했다면 완전히 마귀에 사로잡혀 비참한 인생으로 끝났을 것이다. 주님은 먼 곳까지 찾아가셔서 구원하셨다.

주님의 짧은 공생애 기간 동안 그는 참으로 큰 비중을 차지한다. 주님은 그를 특별대우하셨다. 그는 다른 이들보다 더욱 불쌍한 처지에 있었기 때문이다. 이 사람은 온전해진 후, 제자가 되어 예수님을 따르고 싶었지만 주님은 이를 허락하지 않으셨다. 주님은 그에게 두신 독특한 구원의 계획이 있었다. 그는 구원받은 후에 데가볼리 전 지역, 곧 이방 지역 대부분을 다니며 주님을 증거했으며(막 5:20), 그의 남은 인생을 의미 있게 사용했다.

하나님의 사랑은 종종 우리를 당황스럽게 한다. 주님은 한 영혼이 얼마나 귀한지를 잘 알고 계신다. 우리들의 일그러진 영혼 안에 있는 하나님의 빛나는 형상을 볼 줄 아신다. 그러므로 예수님이 한 사람을 구원하셔서 주님을 따르게 하실 때 그분은 가벼운 마음으로 그렇게 하시는 것이 아님을 알아야 한다.

〈질문 3〉 혹자는 돼지들의 죽음으로 한 사람의 생명이 얼마나 귀한 것인지를 예수께서 보여주려 하셨다고 설명한다. 하지만 어떻게 예수님이 돼지와 사람 목숨을 비교하셨겠는가? 가장 가능성 있는 대답은 이렇다. 돼지떼가 그렇게 내달아 호수에 들어가 몰사함으로써 그가 깨끗하게 된 것이 진정한 사실이며, 귀신들은 다시는 돌아오지 않을 것임을 확신시켜 주신 것이다. 그 지역 사람들은 모두들 그 사람의 구원을 의심하고 있던 것이 분명하다. 돼지떼의 돌진은 귀신들이 허공 가운데 사라지지 않았다는 것을 보여주었다. 이렇듯 한 사람의 구원을 위해서는 많은 희생이 뒤따르기도 한다.

〈질문 4〉 귀신이 나간 그 사람은 "옷을 입고 정신이 온전하여 예수의 발치에 앉아" 있었다. 그는 예수께서 귀신의 세력에 사로잡힌 자기 겉모습이 아니라 그 안에 있는 영혼의 갈망을 보셨음을 알았다. 그러나 사람들은 이러한 그가 정신이 멀쩡해졌을 뿐 아니라 예수 앞에 무릎꿇고 앉아 있는 모습에 놀라며 겁에 질렸다. 때때로 이러한 예수님의 변화의 능력은 사람들을 놀라게 하고 두려움에 빠뜨린다. 왜냐하면 "너희가 그들[이방인]과 함께 그런 극한 방탕에 달음질하지 아니하는 것을 그들이 이상히 여겨 비방하"기 때문이다(벧전 4:4). 뒤틀어졌던 것이 바로 잡혔을 때 오히려 사람들은 놀라고 반발하게 된다.

사람들은 이로 인해 예수님을 그 지역에서 떠나기를 구하였고 주님은 이곳에서는 더 이상 구원의 은혜를 베풀지 않으신다.

〈질문 5〉 우리는 하나님과 화해해야 하지만, 또한 우리 주위에 있는 사람들과도 화해해야 한다. 주님은 하나님과 화목한 우리에게 화목케 하는 직분을 주셨다. "그런즉 누구든지 그리스도 안에 있으면 새로운 피조물이라 이전 것은 지나갔으니 보라 새 것이 되었도다 모든 것이 하나님께로서 났으며 그가 그리스도로 말미암아 우리를 자기와 화목하게 하시고 또 우리에게 화목하게 하는 직분을 주셨으니"(고후 5:17-18).

〈질문 6〉 거라사인이 온전히 회복된 뒤에, 자신에 대해 적대적이고 복음을 잘 받아들이기 힘든 곳에서 "예수께서 자기에게 어떻게 큰 일을 행하셨는지를"(39) 전했던 것처럼, 우리도 상대하기 부담스러운 사람들에 대한 하나님의 마음을 잘 알아야 한다. 직접 찾아가기 힘들다면, 예를 들어 구치소(감옥) 안에 있는 사람들에게 복음 편지를 쓰는 일로 시작할 수 있다. 그들에 대한 편견과 마음의 빗장을 걷어내는 일이 먼저 필요할지 모른다.

〈질문 7〉 참석자들이 자신만의 생각을 이끌어내도록 격려하라. 그러나 구체적인 행동이 있기 전에 우리의 성품은 교만에서 겸손으로, 두려움에서 용기로, 무관심에서 자비로, 게으름에서 부지런한 믿음으로, 이기심에서 사랑으로 변해야 한다. 먼저 이러한 성품의 변화가 우리 안에서 일어날 수 있도록 기도하라. 예수께서 풍랑을 헤치며 불쌍한 한 영혼을 찾아가실 때의 심정을 헤아려보도록 도전하라.

3. 영혼을 변화시키는 섬김 (요한복음 13:1–17)

이번 장의 초점 : 자기 영혼의 성장과 예수님을 닮는 변화가 동반되지 않는 섬김은 영적인 가치가 없다. 주님의 섬김을 통해 우리의 영혼이 변화되듯이 우리가 올바로 섬겼다면 그 일을 통해 자연히 영적인 변화가 따라오게 된다.

〈질문 1〉 예수님은 자신이 하나님께 부르심을 받아 이 땅에 왔으며 하나님께로 돌아간다는 사실을 염두에 두고 이 땅에 사셨다. 그러기에 로마 지배 하에서 불의와 부정이 넘실대던 시대에 힘을 분산시키지 않고 아버지의 뜻에 온전히 순종하실 수 있었던 것이다. 자기에게 맡겨진 사람들을 끝까지, 온전히 사랑하시는 것도 그러한 하나님의 뜻에 속했다.

우리가 자기 기분 내키는 대로 살아간다면 얼마나 많은 방해거리들이 우리 일상을 방해하는지 모른다. 우리는 자기 인생을 통해 이루어야 할 하나님의 뜻을 온전히 구별하여야 한다. 예수께서도 공생애를 시작하기 전에 이러한 하나님의 뜻을 묵상하고 준비하셨음이 분명하다.

아버지께로 돌아갈 때가 이른 줄 아신 것은 예수님께서 사역을 마치실 때가 되었음을 의미했다. 주님은 그들에게 가장 필요한 것이 "아버지께서 나를 사랑하신 것처럼 내 사랑 안에 거하는"(요 15:9) 일임을 가르치신 것이다. 주님의 유일한 계명은 제자들끼리 서로 사랑하라는 것이며, 이것은 편협한 자기 사랑에 근거하지 않고 그리스도께 받은 사랑에 근거한다. 우리에게도 가장 필요한 것이 바로 이러한 사랑이다.

〈질문 2〉 요한은 이와 같은 예수님의 행동들을 마치 지금 일어나는 일을 보며 적는 것처럼 상세하게 기록했다(그가 복음서를 기록할 때에는 약 60여 년의 시간이 흐른 후였음을 기억하라). 그만큼 주님의 행동 하나하나가 제자들에게 깊은 충격을 주었다는 얘기다. 당신은 어떠한가? 조원들은 어떤 행동이 가장 인상적이고 충격적이었는지 얘기를 나눠보라.

〈질문 3〉 어떤 성도는 밤예배를 마친 후 차편이 불편한 지체들을 위해 자신의 차를 이용하여 기꺼이 집에 바래다주는 수고를 마다하지 않는다. 교회에 처음 나온 사람들이나 새로 등록한 이들을 위해 살갑게 다가가 말을 건네며 그들이 긴장하지 않도록 도와주는 새가족 도우미도 있다. 수려한 문장력이 있어서, 혹은 그림 솜씨가 탁월하여 교회의 문화적인 필요를 충족시키는 지체들도 많다. "하나님께서는 여러분 누구에게나 특별한 능력을 주셨으니 그것을 서로 돕는 일에 사용하십시오. 하나님의 넘치는 복을 다른 사람과 나누십시오. 이렇게 해서 하나님께서 주신 그 선물을 잘 관리하도록 하십시오. 설교를 위해 부름을 받은 사람이 있습니까? 그렇거든 하나님께서 전하시는 말씀을 빠짐없이 설교하십시오. 남을 돕는 일에 부름을 받은 사람이 있습니까? 그렇거든 하나님께서 주시는 힘과 열성을 모두 쏟아서 남을 도우십시오. 그러면 하나님께서 예수 그리스도를 통해서 영광을 받으실 것입니다. 영광과 권세가 영원히 그리스도와 함께 하소서. 아멘"(벧

전 4:10-11, 현대어성경).

〈질문 4〉 베드로는 자신이 지금까지 주님을 잘 섬겨왔다는 자부심이 있었다. 여기서 다른 제자들처럼 주님이 발을 씻기는 것을 허용함으로써 '버릇없는' 제자가 되고 싶지 않았다. 그러나 예수님은 단지 그들에게 '섬김의 본' 을 보여주시기 위해 이 일을 행한 것은 아니었다. 여기에는 더욱 중요한 의미가 있었는데, 이는 서로 하나되지 못하고 높아지려는 그들의 교만과 죄를 주님께서 모두 용서하신다는 뜻이 숨어 있다. 즉 예수님은 그들이 미처 알지 못하는 죄를 용서하심으로써 그들 사이에 진정한 공동체의 연합을 이루고 싶으셨던 것이다. 이것이 성찬의 진정한 의미이다. 성찬에 참여하는 사람들은 '이렇듯 나에게 부담을 주고 힘들게 하는 저 사람도 주님의 같은 용서를 받은 나의 형제이다' 는 생각을 갖게 되고, 나는 할 수 없지만 주님의 용서로 서로를 받아들이며 한 몸된 교회를 드러내게 된다.

〈질문 5〉 참석자들에게 10절을 다시 읽어주고, 자신의 영적 상황을 자세히 살피도록 격려하라. 이미 목욕한 자라 할지라도 발을 씻지 않으면 악취가 난다는 사실을 강조하라.

〈질문 6〉 예수님이 주와 선생으로서 그들에게 섬김을 베푼 것은 첫째로는 그들이 서로의 발을 씻어주게 하기 위함이었다(14). 그들이 주님께 받은 섬김과 용서의 사랑 때문에 제자들은 서로를 섬길 수 있게 되었다. 발을 씻어주는 것이 어떤 의미가 있다는 것을 아는 것만으로는 아무 의미가 없다. 우리는 공동체 안에서 상처를 주고 받은 누군가를 섬기는 삶을 시작해야 한다.

예수님은 그들이 자신의 삶을 변화시키도록 격려하신다. "그분이 그들의 발을 씻기신 행동은 단순히 그들의 교만을 꾸짖는 것이 아니다. 주님은 그들이 부끄러워하고 자신의 잘못을 깨달을 뿐 아니라, 자신을 닮아 진정으로 복을 받고 행복해지는 일에도 깊은 관심을 갖고 계신다(17절)."[1] 단 한 번의 순종으로도 당신은 이전과 달라진다. 순종과 참여는 당신에게 위대한 가능성을 열어주는 영적인 훈련들이다. 이를 통해 우리는 "우리 안에 계신 그리스도"(골 1:27)를 체험한다.

4. 외식을 극복하는 섬김 (마태복음 23:1-37)

이번 장의 초점 : 우리가 하나님께 자신을 드리는 것보다 자신의 만족과 이름을 위해 그 일을 할 때 섬김은 외식으로 변한다. 이 문제는 특히 열심 있는 신자들에게 자주 나타나는 문제이며 반드시 합당하게 다루어져야 하는 부분이다.

〈질문 1〉 그들은 자기들이 설교한 것을 실천하지 않았다. 그들은 사람들에게 무거운 짐을 묶어 사람의 어깨에 지웠다. 그들은 "사람에게 보이고자" 무엇이든 했는데, 그 가운데는 좋은 자리와 화려한 직함을 자랑하는 것도 포함되었다.

예수님의 의로운 분노에도 불구하고, 당시 바리새인들은 영적으로 "선한 사람"으로 간주되었다. 그들은 올바른 것을 열심히 하기 원했다. 그들 중에 어떤 이들은 예수님의 제자가 되기도 했다. 우리는 그들의 실수로부터 많은 것들을 배울 수 있다. 여기에는 우리의 모습 역시 들어 있기 때문이다.

〈질문 2〉 우리는 자신이 목표한 바, 바라는 것들을 정해두고 더 중요한 가치들을 거기에 맞추어 가려는 유혹을 받는다. 예를 들어, 당신은 게으름을 이기고 일을 마쳐야 한다는 강박관념에 사로잡혀 "하나님께 거룩"이라는 더욱 핵심적인 가치들을 반납한다. 많은 섬김에 지친 나머지, 자신이 약간은 보상을 받을 자격이 있으며, 그래서 (본문의 바리새인들처럼) 상석과 높은 지위를 움켜쥐는 것도 무방하다고 생각한다.

그 일의 중요성이 커지면 커질수록 내가 중요한 인물이라는 생각에 속을 수 있다. 하지만 그리스도인은 일상적인 일을 특별하게 행하는 사람이다. 우리가 일하고 성취하는 것에 목표를 두지 않고 말씀하시는 하나님께 귀를 기울인다면 가장 작은 일을 통해서 가장 큰 일을 이루는 사람들이 될 것이다.

〈질문 3〉 예수님이 랍비, 지도자로 칭함을 받지 말라고 한 것은 그러한 사람들에게 커다란 영적 의무와 희생이 뒤따른다는 사실을 알려주시기 위함이었다. 사실 성경은 많은 사람들에게 선생이 되는 것을 지극히 두려워하고 될 수 있으면 피하라고 권면한다. "내 형제들아 너희는 선생된 우리가 더 큰 심판을 받을 줄 알고 선생이 많이 되지 말라"(약 3:1). "율법의 선생이 되려 하나 자기가 말하는 것이나 자기가 확증하는 것도 깨닫지 못하는도다" (딤전 1:7).

낮아지지 않으면 우리는 마귀의 가장 큰 올무인 교만의 덫에 빠지게 된다. 자신이 하나님 앞에서 낮아진 만큼 다른 이들을 섬길 기회가 주어지는 것이 우리에게 복이 된다. 자신의 자아가 강해지고 높아지는 방향으로 여러 일들이 주어진다면 한번쯤 멈추어 삶의 발자취들을 살펴보라.

〈질문 4〉 본문에는 다음과 같은 역사적 배경이 있다.

13절 : 바리새인들은 다른 사람들에게 '자신들이' 정한 사소한 규칙과 조항들을 준수하라고 요구했다. 그러면서 "율법의 더 중한 바 정의와 긍휼과 믿음은 버렸"다(23). 그들은 천국에 들어가려는 사람들에게 문을 '닫아걸고' (잘못 가르치는 것을 상징함), 자기도 들어가지 않을 뿐 아니라(하나님의 율법에 순종하지 않음), 다른 사람들도 못 들어가게 한다(천국의 복음을 적극 훼방함). 마 21:31, 눅 7:30, 눅 11:52절("화 있을진저 너희 율법교사여 너희가 지식의 열쇠를 가져가서 너희도 들어가지 않고 또 들어가고자 하는 자도 막았느니라 하시니라")을 참조하라.

15절 : 바리새인들은 "하나님을 경외하는 사람" (유대교의 도덕법을 인정하고 하나님을 예배하지만 의식법에는 참가하지 않는 사람들)을 자신의 의식에 참여하도록 설득하기 위해 많은 시간을 보냈다. 바리새인들은 하나님을 경외하는 이들을 바리새파로 전향시키는 일을 하고 있었던 것이다. 그들은 "사실상 사람들을 하나님께로 인도하는 것이 아니라 바리새파로 끌어들이려"[2] 했다.

16절 : 바리새인들이 생각하는 맹세는 두 가지 종류가 있었다. 하나는 절대 깨뜨려서는 안 되는 것이고 다른 하나는 깨뜨려도 얼마든지 합법적인 것이었다(바리새인들은 전자의 경우 성전의 금으로, 후자는 성전을 걸고 맹세를 했던 것으로 보인다). 그들은 맹세를 하되 충분히 빠져나갈 수 있는 여지를 남겨두고 맹세를 함으로써 자기 편한 대로 율법을 해석했다. 예수님은 이런 그들에게 "어리석은 맹인들이여 어느 것이 크냐 그 금이냐 그 금을 거룩하게 하는 성전이냐" 라고 질타하신다.

〈질문 5〉 바리새인들은 열심히 섬겼지만 속으로는 항상 자신의 계획을 중심으로 움직였다. 숨겨진 의도를 가지고 어떤 일을 한다면 우리는 사람들을 통제하게 된다. 또한 바리새인들은 자신이 빠져나갈 구멍을 만들어놓고 겉으로는 맹세를 통해 사람들을 속이려 했다. 우리가 이처럼 사소한 것들에 매달리는 이유는 참되고 깊은 긍휼이 부족하기 때문이다.

〈질문 6〉 예수님은 그들이 "정의와 긍휼과 믿음"을 "버렸다"고 질타하신다. 무시하고 빼먹었다는 말이다. 우리도 세세한 것들에 신경쓰는 나머지 하나님이 무엇을 중요하게 생각하시는지 잊고 자기 의에 빠져 지내지는 않았는지 돌아보아야 한다. 이는 마치 헌법이 도로교통법 위에 있는 것과 같은 이치이다. 우리는 도로교통법도 지켜야 하지만 헌법을 무시하면서(외면하면서) 거기에 집착해서는 안 된다. 다음 말씀들을 비교하면 하나님이 중요하게 생각하시는 것이 무엇인지 나타난다.

"화 있을진저 너희 바리새인이여 너희가 박하와 운향과 모든 채소의 십일조는 드리되 공의와 하나님께 대한 사랑은 버리는도다 그러나 이것도 행하고 저것도 버리지 말아야 할지니라"(눅 11:42). "순종이 제사보다 낫고 듣는 것이 숫양의 기름보다 나으니"(삼상 15:22). "그는 공의와 정의를 사랑하심이여 세상에는 여호와의 인자하심이 충만하도다"(시 33:5). "너희가 만일 정의를 행하며 진리를 구하는 자를 한 사람이라도 찾으면 내가 이 성읍을 용서하리라"(렘 5:1). "사람아 주께서 선한 것이 무엇임을 네게 보이셨나니 여호와께서 네게 구하시는 것은 오직 정의를 행하며 인자를 사랑하며 겸손하게 네 하나님과 함께 행하는 것이 아니냐"(미 6:8). "너희는 진실한 재판을 행하며 서로 인애와 긍휼을 베풀며"(슥 7:9).

〈질문 7〉 바리새인들은 아마도 "내가 만일 아담이었다면 절대 그 열매를 따먹지 않았을 것이요"라고 했을 것이다(30절 참조). 하지만 그들은 "조상들이 걸어간 길을 그대로 밟아 가고 그들의 악을 다 채우고 있다"(32절). 주께서 선지자와 지혜 있는 자와 서기관들을 보내셨지만 그들은 모두 거부하고 죽이고 박해했다. 이 말씀은 예수께 그대로 이루어졌고 후에 제자들도 그런 일을 겪었다. 종교적인 기득권이었던 그들에게 진리란 자기 자리를 지키는 것에 불과했던 것이다.

〈질문 8〉 37절은 예수님이 부모와 같은 사랑으로 바리새인들까지 끌어안으시고 그들이 변화되기를 도와주셨음을 보여준다. 예수님은 예루살렘을 향해 눈물을 흘리셨다(눅 19:41). 이처럼 예수님은 가장 악한 자를 위해서도 회개할 기회를 여러 차례 베푸신다. 그들이 죄에서 돌이키는 것을 기뻐하시고 우리가 연약한 중에 부르짖을 때 기꺼이 도우신다. 주님의 경고의 말씀은 "사랑의 마음에서 나온 분노이다."[3)]

〈질문 9-10〉 9번과 같은 부분들이 자기 안에 발견됐다고 해서 바로 섬김을 그만두는 일은 극단적인 선택이다. 이런 때 우리는 고독과 침묵의 시간을 통해, 하나님이 우리에게 무엇을 깨닫게 하셨는지 돌아보고 마음을 살피며 주님께 돌이켜야 한다. 우리의 잘못된 자세를 다른 사람에게 고백하는 것(공동체와 고백 훈련)은 그에게 기도를 부탁하는 것과 마찬가지로 도움이 된다. 당신이 섬기는 사람들과 정기적으로 이야기를 나누고 그들이 진정으로 원하는 것이 무엇인지 발견하여 당신의 섬김을 통해 그들이 주님 안에서 행복해지도록 하라.

5. 은밀한 섬김 (마태복음 6:1-8)

이번 장의 초점 : 은밀한 섬김은 우리의 동기를 순수하게 만들고 성실하게 하나님의 응답을 기다리게 한다. 은밀한 섬김은 가식이 없고 자연스러우며 섬김 본연의 정신에 가장 알맞다.

〈질문 1〉 1절과 4절은 하나님께서 그 상급을 나중에 다른 세상에서 갚으실 테니 지금은 인내하라는 의미로만 보기는 힘들다. 그러한 '은밀한' 섬김에는 드러나는 섬김을 통해서는 결코 얻을 수 없는 하나님의 상급이 있다는 뜻으로 보아야 한다. 그러한 상급에는 어떤 것이 있을까? 우리는 '지금' 이 땅에서 하나님과의 친밀한 교제를 이어간다. "사람에게 보이려고" 선행을 한다면 우리의 섬김은 하나님의 영광보다 사람의 영광을 위한 것으로 변질될 확률이 높다.

하나님께 보이는 듯하면서도 실제로는 사람에게 보이는 것이 목적인 사람에겐 '사람의 칭찬' 으로 갚으신다. 반면 일절 사람에게 드러내지 않지만 하나님께 행하는 사람은 하나님이 직접 갚으신다.

〈질문 2〉 "오른손이 하는 일을 왼손이 모르게 하는 사람들이란, 날마다 하나님과 동행함으로써 변화를 받아 선한 행위들이 자연스럽게 그 성품으로부터 흘러나오는 이들이다. 하나님과 주위 사람들을 사랑하는 일에 몰입되어 있을 때 그들은 자신의 행동을 거의 의식하지 못하며, 그것을 좀처럼 기억하지도 않는다."[4] 본문의 비유는 자신이 행한 구제 행위에 대해 결과적 보상을 바라지도 말며(Luther), 심지어는 나중에라도 결코 기억하지 말 것을 암시한다.

〈질문 3〉 예수님은 인간의 가장 숭고한 영적 활동인 '기도' 안에도 불순물이 섞일 수 있음을 경계하셨다. 실제로는 하나님을 만나지 못하고 있는 상태인데도 하나님과 깊이 사귀고 있는 것처럼 보이려는 '거짓 경건'은 그리스도인이라면 몇 번쯤 빠져보았던, 혹은 그런 유혹을 느끼는 위선이다. 그들은 하나님께 인정받는 기쁨을 모르기 때문에 사람들이 자기를 '경건하다'고 인정해줄 때 만족을 느낀다. 사람의 영광을 하나님의 영광보다 더 중요하게 생각하는 사람들이다. 이런 사람들에게는 그러한 만족감이 하나의 상급으로 작용하지만 하나님께로부터 오는 진정한 상급은 없다. 이렇게 마음이 공허한 사람들은 곧잘 앞에 나서 이런 저런 일들을 행하지만 그들이 얻는 것은 사람들로부터 받은 칭찬 그 이상도 이하도 아니다.

〈질문 4〉 다른 사람이 듣지 못하고 알지 못하는 기도는 우리를 정직하게 만들고, 그럼으로써 하나님과 더 나은 관계를 맺을 수 있도록 도와준다. 은밀하게 기도하는 사람들은 자신이 기도하고 있는 것을 다른 사람들이 알고 있는지 혹은 그 기도가 다른 사람들에게 어떻게 들리는지 신경 쓰지 않는다.

자신이 다른 사람들을 위해 기도하고 있다는 것을 알려주면서 그들을 격려하는 것도 종종 합당한 일이지만, 그렇게 말하는 우리의 마음을 돌아볼 필요가 있다. 혹시 자기를 은근히 드러내기 위한 수단으로 사용하고 있지는 않은가? 열심히 살아가고 있는 사람에게 자신이 그를 위해 많이 기도한다고 얘기하기보다는 그의 말을 묵묵히 들어주기만 하는 것은 어떤가?

〈질문 5〉 골로새서 말씀은 우리의 마음과 생각을 그리스도께 순종한 결과, 우리의 진정한 생명이 하나님 안에 '감추어져', 즉 그 품에 '보호되고' 있음을 강조한다. 우리의 거룩한 생명은 훼손되지 않고 "우리 생명이신 그리스도께서 나타나실 그 때에 너희도 그와 함께 영광 중에 나타"날 것이다(3:4). 시편의 세 구절은 우리가 하나님과 맺고 있는 관계의 친밀함을 가리킨다. 우리는 다른 사람은 알지 못하는 비밀을 하나님과 공유하고 있다. 이사야 말씀은 하나님이 우리를 당신의 영광을 나타내시기 위해 훈련하고 준비시키시는 것을 의미한다.

〈질문 6〉 마치 식물이 밤에 광합성을 통해 빛 에너지를 화학 에너지로 바꾸는 것처럼, 또한 우리가 섭취한 음식이 소화 기관을 거쳐 몸이 사용할 에너지로 바뀌듯이, 주님을 사랑함으로 행하는 모든 행위에는 이러한 영적인 힘을 만들어 내는 유익이 있다. 그렇지만 이러한 힘은 우리가 자신을 드러내고 자신의 섬김을 인정받기 원할 때부터 급격히 사라지는데 이는 우리의 영성이 "은밀한 가운데" 성장하기 때문이다. 신앙 성장의 근본은 영혼의 내적인 변화에 있다. 그러한 변화를 가능하게 하는 큰 힘은 하나님과의 은밀한 교제에서 나오며, 우리가 행하는 은밀한 섬김은 훌륭한 동반자가 된다.

우리는 하나님이 알아주시고 칭찬해주시기만을 기대한다. 우리는 다른 사람들이 인정해주기를 기대하지 않으며 다른 사람들을 실망시킬까 걱정하거나 성공하지 못할까 걱정하지 않는다. 그렇게 할 때 더욱 하나님께 초점을 맞출 수 있게 된다.

〈질문 7〉 예를 들어 우리는 은밀한 중에 다른 사람을 위해 중보로 섬길 수 있다. 그들의 상황이나 아픔, 어려움 등을 들었을 때 마음에 담아두었다가 기도시간에 하나님께 아뢰는 것이다. 또는 물질적인 필요가 있는 곳에 이름을 밝히지 않고 후원금을 보낸다든지, 직장 동료들에게 힘든 문제가 있을 때 함께 고민해주고 그들의 짐을 함께 들어주는 일들이 여기에 해당될 것이다.

6. 소박한 섬김 (누가복음 10:25-37)

이번 장의 초점 : 그리스도의 종은 미리 계산하지 않고 허세도 부리지 않으며 다른 사람들을 돕는다.

〈질문 1〉 율법사는 두 가지 질문을 했는데, 하나는 영생을 얻는 것과 관련된 것이고 다른 하나는 자신이 사랑해야 할 이웃이 누구냐에 관한 것이었다. 예수님 역시 그에게 두 가지 질문을 던지셨는데, 하나는 '율법이 영생을 얻기 위해 무엇을 요구하고 있는가'와, 다른 하나는 '세 사람 가운데 이웃이 누구인가'였다. 예수님은 사랑하라는 동일한 명령을 두 차례 주셨다(28, 37).

또한 주님은 율법사에게 그 계명을 행하라고 명하셨다. '사랑하라'는 명령은 (처음에는 말씀 가운데, 다음에는 이야기에서 밝히신) 그리 복잡하지 않은 것이다. 우리는 그것을 행해야 한다. 그런데 우리는 거기에 의문을 제기하면서 일을 복잡하게 만들려고 한다.

〈질문 2〉 율법사는 예수님을 함정에 빠뜨리려 했고(25) 짐짓 자기가 옳다는 것을 드러내려고 "그러면 내 이웃이 누구입니까?"하고 물었다. "바리새인들은 '이웃'이란 용어를 제한적으로 사용했는데, 이방인들과 사마리아인들뿐 아니라 세리나 자신의 특정한 견해를 함께 하지 않는(예수님과 함께 음식을 먹은 사람도 포함해서) 사람들은 자신의 '이웃'에서 제외시켰다."[5] 그는 이러한 자신의 '이웃' 관념이 옳다는 것을 보이려고 예수께서 생각하시는 이웃이 무엇인지를 여쭈었다. 그는 아마 예수님도 비슷한 생각을 갖고 계신다고 생각했거나, 자기와 다르면 반박할 생각이었을지도 모른다.

〈질문 3〉 이웃을 나타내는 'neighbor'라는 단어를 들으면 우리는 흔히 '옆집에 사는' 이웃을 생각하지만, 헬라어로는 누구든 우리 가까이에 있는 사람이나 우리와 어떤 식으로든 관계를 맺고 있는 사람을 모두 가리킨다. 다른 사람들을 사랑하는 것은 어려운 일이다. 특히 우리의 마음을 아프게 하고 정신적 · 물질적 피해를 입힌 사람들이나 그렇게 친근하지 않은 이들에 대해서는 용서하거나 돕고 싶은 마음이 없다. 우리는 그들이 우리의 사랑을 받을 자격이 없고, 우리의 '이웃'도 아니며 그들도 그것을 원치 않는다고 생각할 때가 많다.

그러므로 본문에서 말하는 이웃 사랑은 우리의 삶 가운데 역사하시는 성령님의 능력에 응답할 때에만 가능하다. 이 사실을 염두에 둔다면 어떤 사람이 당신의 이웃이 될 수 있겠는가? 이런 식으로 생각하지 않았다면 모르고 지나쳤을 사람이 있는가?

〈질문 4〉 사마리아인은 어떤 사람들인가? 구약시대, 앗수르인들은 북왕국 이스라엘을 침공하여 그 거주민들을 내쫓고 자기들이 포로로 잡아온 다른 민족들을 그곳에 데려왔다. 남은 이스라엘 사람들은 그 이방 민족과 통혼을 했고, 그 결과 인종과 종교가 혼합되었다. 반면 남왕국 유다에서 포로로 끌려갔다가 귀환한 유대인들은(그들이 신약시대의 유대인이다), 이 혼혈민족인 사마리아인들을 경멸했다. "그 당시 보통 유대인들에게 '선한 사마리아인은 오직 죽은 사마리아인뿐이었다' 라고 말할 수 있다."[6)]

제사장과 레위인은 자비를 베풀고 도와주라는 율법이 있음을 분명히 알았지만(출 23:4-5, 신 22:1-4) 이 말씀을 외면하고자 그럴듯한 변명을 생각해내야 했다. 제사장은 종교적인 의무를 행하려면 쓰러져 거의 죽게 된 사마리아인 정도는 내버려두어도 괜찮다는 '교리 훈련' 을 받아 왔을지도 모른다. 마침 그는 예루살렘으로 올라가는 길도 아니었고(31), 특별히 급한 일도 없었다. 레위인도 마찬가지로 한 사람이 쓰러져 있는 것을 보았지만 피해서 그냥 가버렸다.

그들은 사마리아 사람에 대한 극심한 편견과 미움에 사로잡혀 있었거나 그냥 귀찮거나 바빠서 그렇게 했을지 모른다. 중요한 사실은 우리도 대부분 이러한 경험이 있다는 것이다. 당신이 신경 쓰고 싶지도 않고 경멸하거나 미워하는 사람들(민족)이 있는가? 그들이 당신의 사마리아인이다. 어쩌면 외국인 근로자나 다른 종교에 충실한 사람, 혹은 같은 회사 안에서 당신에게 불공평했던 사람일 수도 있다.

〈질문 5〉 동정심으로 가득했던 그 사마리아인은 자기 손으로 직접 그 다친 사람을 싸매고, 자기 기름과 포도주를 사용했고, 자기 나귀에 태웠고, 그를 여관에 들이기 위해 자기 돈을 지불했다는 점에 주목하라. 이 사람은 자기 이익을 구하지 않고, 손익을 계산할 줄도 몰랐다.

우리가 평소에 사회적 약자나 곤경에 빠진 사람을 어떻게 대해 왔는가를 보면 그런 상황에서 어떻게 처신할 것인가를 알 수 있을 것이다.

〈질문 7〉 우리는 공동체를 통해 자신의 개성을 다른 사람과 맞추어가고 타인을 위해 자신을 부인하는 연습을 해야 한다. 자신의 이기심을 '고백' 하고 '단순한 삶' 을 살아가기 힘써야 한다. 주님께서 나를 어떻게 대하고 섬겨주셨는지를 바로 아는 것이 이러한 섬김의 시작이다. 이런 부분들을 기초로 하여 자유롭게 자신의 의견을 나타내도록 격려하라.

인용 출처

서론

Henri Nouwen, *Making All Things New* (San Francisco: HarperSanFrancisco, 1981), p. 66. (「모든 것을 새롭게」, 두란노)

이 비유는 달라스 윌라드의 *The Spirit of Disciplines* (San Francisco: Harper & Row, 1988), p.3에서 가져와 좀 더 발전시킨 것이다. (「영성 훈련」, 은성)

Richard Foster, *Celebration of Discipline* (San Francisco: Harper & Row, 1988), p. 134. (「영적 훈련과 성장」, 생명의말씀사)

제1과

| 박스 글 |

Hildegard von Bingen, Robert Mulholland, *Invitation of a Nourney* (Downers Grove, Ill.: InterVarsity Press, 1993), p. 99에서 인용.

Oswald Chambers, *My Utmost for His Highest* (Grand Rapids, Mich.: Discovery House, 1992), 10월 3일. (「최고의 하나님을 위한 나의 최선」, 브니엘)

제2과

| 서론 |

Dallas Willard, *The Divine Conspiracy* (San Francisco: HarperSanFransco, 1998), p. 121. (「하나님의 모략」, 복있는사람)

| 박스 글 |

Robert Mulholland, *Invitation to a Journey* (Downers Grove, Ill.: InterVarsity Press, 1993), p. 160.

Bob Pierce, Franklin Graham with Jeanette Lickerbie, *Bob Pierce: This One Thing I Do* (Waco, Tex.: Word, 1983), p. 77에서 인용.

Thelma Hall, *Too Deep for Words: Rediscovering Lectio Divina* (New York: Paulist, 1988), p. 13. (「깊이 깊이 말씀 속으로」, 성서와함께)

● 제3과

| 말씀을 통해 하나님 음성듣기 |

당시에 종이 주인의 발을 씻기는 것이 당연하다는 정보는 다음을 보면 알 수 있다.

J. N. Sanders와 B. A. Mastin, *The Gospel According to St. John* (London: Adam and Charles Black, 1977), p. 309.

| 박스 글 |

Henri Nouwen, *The Genesee Diary: Report from a Trappist Monastery* (New York: Doubleday/Image, 1989), p. 177. (「제네시 일기」, 성바오로딸수녀회)

Richard Foster, *Celebration of Discipline* (San Francisco: Harper & Row, 1988), p. 130.

● 제4과

| 박스 글 |

R. C. H. Lenski, *The Interpretation of St. Matthew' s Gospel* (Minneapolis: Augsburg, 1943), p. 903.

John Baillie, *A Diary* (London: Oxford University Press, 1956), p. 37 (8일 아침). (「존 베일리의 기도일기」, 나눔사)

Robert Mulholland, *Invitation to a Journey* (Downers Grove, Ill.: InterVarsity Press, 1993), p. 42.

| 깨달은 말씀에 순종하기 |

John Baillie, *A Diary of Private Prayer* (London: Oxford University Press, 1956), p. 75.

제5과

| 서론 |

Elaine Prevallet, "Through an Autumn Lens," *Weavings*, may-June 1991, pp. 23-24.

| 박스 글 |

Oswald Chambers, *My Utmost for His Highest* (Grand Rapids, Mich.: Discovery House, 1992), 1월 7일.

Dallas Willard, *The Divine Conspiracy* (San Francisco: HarperSanFrancisco, 1998), p. 200.

제6과

| 박스 글 |

Frank Laubach, *Man of Prayer*, Heritage Collection (Syracuse, N.Y.: Laubach Literacy International, 1990), p. 47.

Oswald Chambers, *My Utmost for His Highest* (Grand Rapids, Mich.: Discovery House, 1992), 2월 25일.

앞의 책, 11월 15일.

인도자 지침

1. R. C. H. Lenski, *The Interpretation of St. John's Gospel* (Minneapolis: Augsburg, 1943), p. 924.
2. William Barclay, *The Gospel of Matthew*, vol. 2 (Philadelphia, Penn.: Westminster Press, 1958), p. 321.
3. R. C. H. Lenski, *The Interpretation of St. John's Gospel* (Minneapolis: Augsburg,

1943), p. 319.

4. Dallas Willard, *The Divine Conspiracy* (San Francisco: HarperSanFrancisco, 1998), p. 192.
5. Leo Boles, *A Commentary on the Gospel According to Luke* (Nashville: Gospel Advocate, 1972), pp. 223-24.
6. Willard, *Divine Conspiracy*, p. 110.

| 저자 소개 |

지은이 얀 존슨(Jan Johnson)은 다수의 책과 성경공부 교재를 집필한 작가이다. 그녀는 〈*Enjoying the Presence of God*〉 〈*Growing Compassionate Kids*〉 〈*When the Soul Listens*〉 등을 저술했으며, 달라스 윌라드와 함께 〈*Dallas Willard's Study Guide to The Divine Conspiracy*〉를 만들기도 했다.

그녀는 여러 수련회와 집회에서 강의하고 있으며, 로스앤젤레스에 살고 있다.